U0573376

门捷列夫传

冯化太　编著

国文出版社
·北京·

图书在版编目（CIP）数据

门捷列夫传 ／ 冯化太编著. -- 北京 ：国文出版社，
2025. -- ISBN 978-7-5125-1842-1

Ⅰ．K835.126.13

中国国家版本馆CIP数据核字第20244UF740号

门捷列夫传

编　　著	冯化太	
责任编辑	罗敬夫	
统筹监制	杨　智	
责任校对	周　琼	
出版发行	国文出版社	
经　　销	国文润华文化传媒（北京）有限责任公司	
印　　刷	文畅阁印刷有限公司	
开　　本	880毫米×1230毫米　　　32开	
	6.5印张　　　　　　146千字	
版　　次	2025年3月第1版	
	2025年3月第1次印刷	
书　　号	ISBN 978-7-5125-1842-1	
定　　价	59.80元	

国文出版社

北京市朝阳区东土城路乙9号　　　　邮编：100013

总编室：（010）64270995　　　传真：（010）64270995

销售热线：（010）64271187

传真：（010）64271187-800

E-mail：icpc@95777.sina.net

门捷列夫（1834—1907年），俄国化学家。圣彼得堡中央师范学院毕业。曾任圣彼得堡理工学院、圣彼得堡大学教授，度量衡局局长。自然科学基本定律"元素周期律"的发现者之一，并据此预言了一些尚未发现的元素。

运用元素性质周期性的观点，于1869—1871年写成《化学原理》一书。

1887年提出溶液水化理论，为近代溶液学说的先驱。

还研究气体、液体的体积同温度、压力的关系，1860年发现气体的临界温度，1888年首先提出煤地下气化的主张。

目　录

第一章 苦难开端

好奇善问的小男孩

19世纪上半叶,在俄国一个偏远的西伯利亚荒野中,有一个对于本地来说,还算比较热闹的托博尔斯克镇。这个小镇和西伯利亚的其他地方一样,冷是唯一的特点,冬天非常的漫长。

就在这样一个北风吹得人连眼睛都睁不开的季节,就在这个托博尔河和额尔齐斯河交汇的小镇上,有一家小小的玻璃厂正在热火朝天地忙碌着。

这个玻璃厂的规模虽然很小,却供应着周围几百千米内居民日常使用的酒瓶、烧杯、酒具以及其他的玻璃器皿。

在这里,有的工人正在搅拌炽热的玻璃液,有的工人正在吹制玻璃制品,有的工人正在把冷却的制成品装入木箱。在这终日忙碌的人群中,有一个四五岁的小男孩儿显得尤为扎眼。

这个孩子有着细瘦的身材、深陷的眼窝、高高的鼻子,头戴一顶大而破旧的皮帽子,脚穿一双并不适合他年龄的大皮靴,穿的裤子带着几处补丁,上身的皮衣撕开了许多或长或短的口子,全身的衣服都有被溶液烧出的小洞。

只见他一会儿蹲在熔炉边仔细地观看滚动的玻璃液,一会儿又跑去观看如何吹制玻璃器皿。有时他看得出神,就情不自禁地伸出手指想摸一摸正在吹制的玻璃团。

当他的手指就要触到炽热的玻璃团时,突然传来一个女人嘶哑的吼叫:"米嘉,危险。"

这个孩子对别人的警告好像没有一点反应,两只大大的眼

睛依然紧紧盯着那些玻璃的变化。当他的身体被拖离了吹制玻璃的现场很远,他才开始嚷嚷:"放开我,我要回家,我要找爸爸问问题!"

这个反应略显"迟钝"的小男孩儿,被大家亲昵地称作米嘉,他的全名叫作德米特里·伊万诺维奇·门捷列夫。那个把他提起的、显得很"粗鲁"的女人就是他的母亲,也是这个小玻璃厂的厂长。

门捷列夫生于 1834 年 2 月 8 日,他的父亲叫伊万·巴甫洛维奇·门捷列夫。伊万于 1807 年毕业于圣彼得堡中央师范学院,毕业后被分配到托博尔斯克中学当老师,先后教过哲学、美学、政治经济学和逻辑学、俄罗斯文学。

1818 年,伊万光荣地被任命为托博尔斯克省人民中学校长;1823 年调到萨拉托夫省立中学当校长;1827 年又回到托博尔斯克中学当校长。

伊万是一个学识渊博、才思过人的知识分子,他和同时代的许多知识分子一样,极为痛恨沙皇统治下的腐败和黑暗,积极地追求进步。他深切地同情革命党人。

1825 年 12 月 14 日,俄罗斯爆发了著名的"十二月党人"起义。这是一场由俄罗斯贵族革命家发动的反对农奴制度和沙皇专制制度的武装起义。由于这场革命发生于 12 月,因此有关的起义者都被称为"十二月党人"。

"十二月党人"试图只依靠军队的力量发动政变。而在 1825 年 11 月 19 日,沙皇亚历山大一世突然去世,尼古拉一世继位。12 月 14 日,3000 名官兵屯驻在元老院广场,开始了武装起义。

翌日,尼古拉一世调动了一万多名士兵残酷地镇压起义军,并逮捕了彼斯捷尔等人。后来,在同年的 12 月 29 日,穆拉维约夫再次领导、组织并发动了起义,但最终还是以失败收场。

虽然"十二月党人"的起义最终失败了,但是它敲响了俄国自由主义革命运动的钟声,同时也引发了大量有关自由主义的文学创作,如伟大作家列夫·托尔斯泰的《战争与和平》及诗界泰斗普希金的诗作。

由于起义失败了,许许多多的起义者和同情者都遭到了沙皇政府的残酷迫害。他们有的被抓到直接杀头,有的被捕后被投进了监狱。伊万虽然保住了脑袋,却被发配到偏远的西伯利亚。从此,伊万在这被荒野包围着的小城托博尔斯克镇当起了中学校长。

伊万的妻子名叫玛利姬·德米特里·耶芙娜,是西伯利亚最早从事造纸与玻璃工业的老资本家柯尔尼列夫家的女儿,同时也是一个意志坚强、精明能干的妇女,她是伊万终生不渝的伴侣。

伊万一家在这偏远的荒野小镇上营造起相对平静、安宁的生活环境。

由于伊万校长有学问、有见识,待人亲切和蔼,因此在他来到此地后不久,他们家就成为小镇知识界的社交中心。无论是高一级的官吏,还是"十二月党人",各种不同类型的人都受到了他们家的热烈欢迎和款待。

不同的人士聚到了一起,彼此是那么的亲密无间,一种无形的力量,但又能明确感受到的温暖,给幼年的门捷列夫留下了很深的印象。

门捷列夫对人民的爱、对祖国未来的深深关切,在他幼小的

心里早早地就播下了颗粒饱满的种子。

当小门捷列夫还在襁褓中时,这个温暖的家庭发生了一个重大的事件:伊万不幸生了一场大病,在病体康复后,视力却急剧下降,最后竟然完全失明了。伊万本来就是一个有"反骨"的人,他的上司便利用这个机会,解除了他的校长职务,让他提早退休了。

后来,这一家人开始节衣缩食,省出钱来为伊万做了一次眼科手术。这次手术并没有白做,伊万的视力在术后略有恢复,至少能模糊地看到眼前的物体。但是,他想要重新工作的机会却再也不会有了。

伊万退休以后,工资被降到原来的一半,一年只有275个卢布。夫妻俩有一大群孩子,这点儿钱对于他们这样的一个大家庭来讲,无疑是杯水车薪。

就在一家人为生计而一筹莫展时,门捷列夫的舅舅瓦西里·德米特里耶维奇·科尔尼里耶夫来看望伊万一家了。

当瓦西里看到妹妹一家人遭受这样的打击时,十分难过。他说:"玛利姬,我正好要去莫斯科定居,我的小玻璃工厂就交给你经营吧!它离你这里只有25千米,也不是很远,这样孩子们就不会受冻挨饿了!"

玛利姬感激地看着亲爱的哥哥,眼睛立马就湿润了。她张了张嘴,想说些感激的话,却不知道该说些什么。或许,此时说什么话都显得多余,毕竟眼前帮自己的是自己的亲哥哥,他是打心眼里希望妹妹过得好。

瓦西里亲切地抚摸着妹妹瘦弱的肩头,说:"明天就去那里看看,有什么不懂的就向那里的老师傅们请教。"

玛利姬郑重地点了点头。她又把几个孩子叫了过来,给瓦西里深深地鞠了一个躬。

这时,瓦西里的眼圈也红了,说道:"玛利姬,哥哥能帮你的只有这些了! 我知道你聪明、能干,你一定能把这个厂子搞起来的!"

就这样,玛利姬接管了这个小玻璃工厂。

这位从来没见过玻璃器皿如何生产的家庭妇女,一边学习,一边生产,既当老板,又当工人,还搞推销。在她的辛勤经营下,这个不起眼的小工厂成了一家人的生活支柱。

玛利姬去办工厂,这下可苦了家中的孩子们,其中受影响最大的便是年龄最小的门捷列夫了。繁忙的母亲既照顾不了他的生活,更没有心思关爱儿子。

小门捷列夫穿的衣服,常常是哥哥、姐姐们不能穿的,玛利姬随便改一改就让他穿,有时甚至连缝改的时间都没有。因此,他身上的衣服、鞋帽,没有一件是合适的。

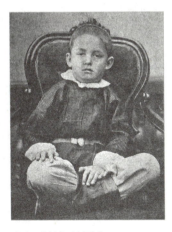

童年时的门捷列夫

在这个为了生计而奔波的家庭中,没有人会娇惯他。小门捷列夫自幼就非常懂事,从 3 岁起,就能做事了。他有时在家中听爸爸讲故事,有时跟哥哥、姐姐们学识字、算术,但更多的是跑到妈妈的工厂里去看吹制玻璃器皿。

那炉膛里鲜红的玻璃液和千变万化的吹制过程,使年幼的

门捷列夫很着迷。在他眼里,这多神奇啊!石头在熔炉中变成了黏稠的液体,而工人拿着长长的铁管蘸着一小团这样的液体,再鼓着腮,吹呀吹,就变成了一个大玻璃球。他越看越觉得奇怪,越觉得奇怪,就越想把它弄明白。

小门捷列夫回到家里问爸爸:"为什么石头在熔炉里能变成黏黏的东西,而这东西又能变成玻璃呢?"

伊万看着小门捷列夫一脸的严肃和迷惑,笑着说道:"这就是好多人都在尽力解释的问题,世界到底是由什么构成的,为什么两种不同的东西放在火里烧就变成了一种东西,而这种东西又不能分解?"

"那他们是怎么说的?到底是为什么呢?"

"有人说,水是万物之源;有人说,火是万物之本;还有人说,世界是由水、火、土、气四种基本元素组成的。但这些都无法解释为什么玻璃不能被火进一步分解,显然物质的构成是更加复杂的。"

小门捷列夫似懂非懂地点点头。

"水是万物之源?不对!要是火炉是水组成的,水不早就被火烤得无影无踪了吗?火是万物之源?也不对!要是万物都是火构成的,就没有冰雪和冬天了。世界是由水、火、土、气四种基本元素组成的。"

小门捷列夫挠了挠脑袋,一脸困惑地望着伊万,说:"这句话我听不懂。"

伊万笑了,望着这个聪明好学的儿子感到由衷的欣慰,他说道:"你还小,慢慢地这些东西你都会明白的。现在你最重要的就是好好学习,多学点知识,做个知识渊博的人。等你长大了,用你的知识解释你不明白的事情。"

"嗯，我要好好学习，快点长大，到时候爸爸您有什么不明白的事情尽管问我，我什么都懂！"

听了儿子的豪言壮语，伊万的眼睛好像亮了，他好像看到了未来的光明。

7岁直接进入中学

门捷列夫一家虽然人口较多，但是白天家里面却是静悄悄的。母亲玛利姬管理工厂，哥哥、姐姐们中，大的工作，小的上学。退休的父亲伊万，视力虽然很弱，但他也不能闲着，烧饭、洗衣等家务都归他。全家人只有小门捷列夫一个闲着，他感到很寂寞。

到了傍晚，上学的哥哥、姐姐们都放学回家了，小门捷列夫立刻喜笑颜开，因为他终于有伴儿了。他主动接过哥哥、姐姐的书包，然后给他们端上吃的，倒上水，顺便问他们一些学校的趣事。

哥哥、姐姐看着这么乖巧的弟弟，总是将一天里在学校发生的事仔细地讲给他听。小门捷列夫每次听完，都是一脸的神往。

休息一会儿后，哥哥、姐姐开始做作业了。小门捷列夫就搬上一个小凳子坐在他们旁边，两只小手托着腮帮子，眼睛一眨不眨地听他们念书。

有时候他还情不自禁地拿起他们的书，一本正经地读起来。有不认识的字，他就问哥哥、姐姐。哥哥、姐姐嫌他麻烦时，就会

毫不客气地将他赶到一边去。

只见他跑到一边,生一会儿气,又耐不住寂寞,再次悄悄地凑过来,看哥哥、姐姐写字。

慢慢地,小门捷列夫在识字、背诗和算数方面已经赶上了哥哥、姐姐。搞了一生教育工作的伊万,虽然每天忙忙碌碌,但是对小门捷列夫的成长却没有忽略,他在门捷列夫很小的时候就在儿子身上看到了希望。

为了不耽误孩子的学习,伊万把时间挤出来,顾不上视力低下和看书困难,亲自教小门捷列夫读书、识字。

有时,看书的时间长一点儿,伊万的眼睛和头就会剧烈地疼痛,这时候小门捷列夫就会懂事地让父亲休息,自己跑到哥哥、姐姐那里。

哥哥、姐姐见父亲视力不好,还教弟弟识字,就不再烦小门捷列夫了。只要他们有空,就主动替父亲教门捷列夫识字和算数。就这样,在两年内,小门捷列夫学完了小学的全部课程。

在门捷列夫 7 岁那年,哥哥巴维尔到了上中学的年龄。看到玛利姬为哥哥准备了新书包,小门捷列夫着急了,他总是缠着玛利姬也要上学。

玛利姬说:"按要求是 8 岁才能够上学的啊,我的小米嘉,你再等一年好吗?"

小门捷列夫坚决地说:"不! 我也要和哥哥、姐姐一起上学。"

玛利姬笑了笑,宠溺地说:"那你等等,等我有时间了,到学校跟老师说一说,让你到镇上的小学去读书。"

听到这话,小门捷列夫不高兴地说:"我才不上小学呢,我要和哥哥一样去上中学。"

玛利姬有点儿生气了："米嘉,妈妈答应让你上小学,也只是试试,学校不一定会接收你。你不要再闹了,上中学,那简直是开玩笑!"

门捷列夫觉得自己受了很大的委屈,眼泪吧嗒吧嗒地直往下掉,但他仍坚决地说:"我现在已经学完了小学的全部课程,我认为我应该上中学了!"

伊万听到这母子俩的争论,扔下手中的活儿,走了过来。他站在儿子一边,对玛利姬说:"米嘉的要求并不过分,他现在确实已经学完了小学的全部课程。你去找一找托博尔斯克中学的校长,请求他允许米嘉和哥哥一起上中学。"

玛利姬有些难以置信,她随便出了些题目让门捷列夫回答,结果门捷列夫回答得又快又准。玛利姬终于相信小儿子的话是真的,他真的已经学完了小学的全部课程。看着如此聪明的孩子,玛利姬决定无论如何也要满足他的心愿,让他上中学。

起初,学校不肯收这个从没有上过学的孩子,认为这是不符合规矩的,在学校的历史上从来没有发生过的。玛利姬坚持着,一次次地去学校,说门捷列夫如何聪明好学,还有比同龄孩子强得多的观察力等。最后,学校看在老校长的面子上,勉强同意让门捷列夫参加考试,考试通过才能录取。

因此,学校还特地组织了俄文、数学、地理等学科的老师,对门捷列夫进行了认真的考核。结果证明,门捷列夫确实达到了上中学的文化程度,尤其是计算能力比中学一年级的孩子还强。

由于门捷列夫的出色表现,学校不得不破例招收一个年仅7岁的孩子读中学。

门捷列夫第一天上学的时候,他心里高兴极了,对学校的一切都感到新鲜好奇。而大家对他这个"小"同学,也抱有同样的态度。

上课的铃声响了,大家走进了教室坐到座位上。7岁的门捷列夫由于个子太矮,仅仅能把头露出来。同学们看了哈哈大笑,老师看到这个滑稽的场面也笑了,但随后制止了同学们大笑,开始上课。

通常情况下,年龄越小,注意力集中的时间就越短。所以,任课老师担心小门捷列夫的注意力无法持续到45分钟。可是,他们都低估了这个孩子,小门捷列夫注意力集中的时间比那些大孩子还要长。

随着时间的推移,门捷列夫逐渐地表现出他极为优秀的一面。上课回答问题,他往往是第一个举手,而且回答得既正确又有条理性;他对待课后作业的态度也很认真,能够高质量地按时完成作业;在期末考试中,他的数学、物理、地理、逻辑等主要学科都取得了好成绩,只有拉丁语不及格。

门捷列夫用自己的实际行动改变了老师和同学们对他的态度,没有人再嘲笑他是个小孩子了,而是把他当作一个品学兼优的中学生。

门捷列夫那颗充满好奇、渴求知识的心在学习中得到了极大的满足,有种如鱼得水的感觉。

他喜欢数学,觉得数字在他的"指挥下"乖乖地做游戏;他爱物理,因为物理告诉他为什么气球能上天;他还对地理感兴趣,因为地理可以告诉他俄罗斯美丽的风光和丰富的宝藏。只有拉丁语,让小门捷列夫无论如何也提不起兴趣。一看到拉丁文课本,他就头疼,他已经连续两次拉丁语考试不及格了。

当时，正值尼古拉一世的反动势力最猖獗的时候。俄罗斯所有的大、中、小学校都崇尚一种不切实际的理论知识——经院哲学。由此导致没有人再重视自然科学知识的教学，神学和古代语言被确定为教学体系的重点。教学的基础是反对东正教、独裁和民族主义的原则，托博尔斯克中学自然也不例外。

伊万，这个搞了一辈子教育工作的父亲，他当然无法容忍自己的儿子拉丁语只得两分。所以学期一结束，他就要求小门捷列夫把拉丁语课本拿过来，要给他补习。

这倒让门捷列夫犯难了，原来，学期一结束，门捷列夫和几个同学便把拉丁语课本靠在河边的那棵大树上当沙袋打。在一阵阵开心的欢呼声中，不堪一击的课本几乎成了一摞破纸。

"天啊，这就是你的课本？"伊万怒火中烧。

门捷列夫低着头，不知道如何回答。

伊万压了压自己的怒气，说道："米嘉，我知道你不喜欢拉丁语，但是学习不能够光凭兴趣。拉丁语是非常重要的，以后要想上大学，拉丁语非过关不可。"

门捷列夫听了这话很惭愧，他知道父亲对他的期望很高，而且为他付出了很多的心血，但是他不想说些安慰人的话，而隐藏自己真实的想法。

于是，他恳切地说："爸爸，我知道我的拉丁语成绩让您和妈妈很失望，可我真的觉得它既单调又枯燥，跟生机盎然、丰富多彩的大自然简直没法儿比。我长大了不想做神甫，也不想研究拉丁语典籍。"

伊万听了这番话，觉得儿子长大了，于是问道："那你长大要干什么？"

"我想做一个科学家,揭开大自然更多的奥秘!"门捷列夫一脸认真地说,"老师艾尔绍夫告诉我们:'在我们伟大的祖国,有美丽的山河,辽阔的土地和丰富的矿藏,但是它现在还很贫穷、落后,也有许多愚昧封建和黑暗的东西,只有科学,才能够使它富裕起来,强大起来。'"

伊万惊讶地看着门捷列夫,他没有想到 7 岁的儿子小脑袋瓜里装了这么多东西,明白这些当时看来还很激进的道理。他疼爱地摸了摸门捷列夫的脑袋。

"你说得没有错,可是要当科学家就要有知识,要学到更多的知识就要上大学啊,可是上大学,拉丁语就必须过关。"

门捷列夫琢磨了一下,最后点点头:"我知道了,学习不能仅凭兴趣,为了我的理想,我会把拉丁语补上的。"

"这才是我的好儿子!"伊万欣慰地说。

"爸爸,艾尔绍夫老师答应我,假期带我到乌拉尔的群山中采集矿石标本,然后再到西伯利亚大草原采集昆虫、花卉标本。"

看着儿子一脸的神往,伊万感慨地说:"米嘉,本来这些事情应该由我带着你去的,可爸爸的眼睛看不清了,不能带你去采矿石、捉蝴蝶了。不过,你既然选择了俄罗斯的未来,那你就投入它宽广的胸怀中去吧! 它值得你去为它钻研科学、发掘宝藏,但是拉丁语也要认真学啊!"

门捷列夫得到了父亲的支持后,就更加坚定了自己的决心。假期里,他怀揣着一颗还略显稚嫩的心,钻进了乌拉尔的群山,走进了西伯利亚的原始森林。

他白天采集矿石标本,晚上梦见俄国的地下矿藏都被自己发现了,矿石从地下冒出来,变成各种各样的金属,又制成各种工具和仪器；采集蝴蝶标本时，他又梦见自己也变成了一只花蝴蝶，在花丛里呼扇着两只翅膀飞呀、飞呀。

在那些难忘的日日夜夜，门捷列夫把他的全部热情投入对科学的追求，他的个性在大自然中得到了充分的张扬。

艾尔绍夫老师发现，在门捷列夫鼓鼓的行囊里，还装了一本拉丁语课本。

中学时代就要过去了，虽然门捷列夫只有 15 岁，但善良、正直、聪明已成为他一生都不会缺少的品质，父母和老师们的启蒙教育已使科学的种子在他心里生根发芽。

迈入大学门槛

当小门捷列夫超常的天资和聪明好学的表现，赢得了老师和同学们的一致称赞时；当玛利姬的工厂呈现出繁忙兴旺的景象，前来订货的客户接连不断，向外送货的马车一辆接一辆时，一连串的不幸降临到这个本来充满希望的家庭。

首先是伊万，他患了结核，一病不起，持续高烧了十几天后，就去世了。他多么想看到自己疼爱的孩子能接受高等教育，做出一些惊天动地的事啊！可他没有等到这一天，就永远地闭上了眼睛。

这对门捷列夫全家简直是一个晴天霹雳。伊万虽然仅有一点模糊的视力，无法挣钱养家，但他善良，有才华，在当地是一个很受人尊敬的人，也是全家的主心骨。伊万的去世，使这个家庭崩溃了。

　　当一家人终于接受了现实,准备从悲痛中振作起来时,门捷列夫的大姐又一病不起。她是妈妈的得力助手,每日发货、收账、结算全依靠她。玛利姬为救女儿想尽了办法,可是,最终也没有把女儿的病治好。不久,门捷列夫的大姐也离开了人间。

　　可灾难到此并没有终结,接下来,一场大火将一家人赖以生存的工厂化为灰烬。一连串的灾难使原来的大家庭无法维持下去了,哥哥们只好都离开了家,到外面的世界去寻找出路,姐姐们则纷纷嫁人。最后,玛利姬的身边只剩下了最小的女儿丽莎和门捷列夫了。小女儿还不到嫁人的年龄,小儿子是丈夫生前的希望。玛利姬要靠剩下的一点积蓄,把两个未成年的孩子抚养成人。

　　小门捷列夫在这一连串的打击面前,虽然也悲痛万分,但是他将这一切化为动力,将自己全部的精力都投入学习中。最后,除拉丁语之外,其余各科都以优秀的成绩,圆满地结束了中学的学习。

　　玛利姬拿着儿子的中学毕业证书,心情久久不能平静,她想起了在额尔齐斯河的沙滩,在百花盛开的草原,在茂密的白桦树林,在清澈如镜的湖泊边,她和伊万相依相伴,想起了伊万曾给她讲的大自然的奥秘及生活的趣事。但是伊万念叨最多的是莫斯科,讲那里的克里姆林宫,讲那里的莫斯科大学。

　　玛利姬知道,丈夫始终把知识和科学看作世上最神圣的事情,他最大的心愿是希望孩子们将来都能读大学,搞教学或研究工作。现在伊万的心愿只有门捷列夫能够达成。为了完成伊万唯一的遗愿,玛利姬毅然决然地变卖了全部家产,带上了所剩不多的积蓄,带着丽莎和门捷列夫告别了托博尔斯克镇,登上了去莫斯科的马车。她此行的目的很明确,就是设法送门捷列夫上大学。

从托博尔斯克到莫斯科的路途十分遥远,但年轻的门捷列夫不顾旅途的劳累,兴致勃勃地观赏着一片又一片莽莽原野、古树参天的原始森林、美丽的河流……湖光山色,奇花异草,光怪陆离的大自然景色使门捷列夫心花怒放。他像笼中之鸟回归大自然一样,显得格外欢快。

十多天后,他们跨过了卡马河,到达了喀山,接着又渡过了伏尔加河。玛利姬兴奋地告诉姐弟俩:莫斯科就要到了!他们这样一路兼程20多天,也没有走完横跨全俄罗斯路程的一半。

门捷列夫在心中叹道:"多么辽阔的俄罗斯!上帝给了我们一个多么美丽宽广的家园!我一定要成为一名科学家,去探寻大自然无穷无尽的奥秘。"一种跃跃欲试的冲动更加强烈地击打着他的心扉。

莫斯科是一座古老的城市,也是俄罗斯的首都,在那里汇集了全国著名的科学家。门捷列夫满怀着学习的热情和求知的渴望来到了这里。站在克里姆林宫墙外的广场上,门捷列夫觉得莫斯科甚至比他想象中的还要美好。

可在莫斯科,等待着门捷列夫母子的并不是笑脸,而是冷眼、推诿、嘲笑,像一把把利剑戳着他们的心。他们没有显赫的家庭,没有莫斯科学区的学籍,这使任何一所大学的校长都轻而易举地说出"不"字,可这个"不"字深深地刺伤了母子俩的心啊!

没有办法,玛利姬只得通过她的哥哥,去拜见教育部的官员,甚至还找到了教育部部长。部长耸着肩,摊着双手,毫无通融地拒绝道:"肯定不行!托博尔斯克属于喀山学区,就算你的儿子才华出众,也只能报考喀山大学,这里经常会招收其他学区的

学生。"

玛利姬很清楚,这是不可能的。上喀山大学意味着又要跋涉上千米返回,况且喀山大学并不理想。

这时,好心的朋友劝玛利姬,让门捷列夫在莫斯科找个工作挣钱算了,何必要上大学呢!但不达目的不罢休的玛利姬婉言谢绝了这个建议,她打算上圣彼得堡试一试。母亲坚韧不拔的精神给了门捷列夫巨大的鼓舞。

圣彼得堡当时是沙俄的首都,门捷列夫的父亲就是在那里的师范学院毕业的。随后,玛利姬就带上门捷列夫来到圣彼得堡大学。他们母子被允许进了校长办公室,但不等玛利姬把话说完,她又被撵了出来。这里也不接收外省的中学毕业生。

这时的玛利姬都快绝望了,但是想到了丈夫伊万,想到了儿子门捷列夫,她坚持了下来。她一个一个地找伊万昔日的老同学帮忙,经过数日的奔波,终于有了一点结果,圣彼得堡医学院同意接收门捷列夫。门捷列夫半是惊喜,半是疑惑,还掺着几分担忧地跟着母亲来到医学院。

当门捷列夫看见解剖室里的人体标本时,他不寒而栗。之后他壮了壮胆子,来到了实验室,突然一摊猩红的东西映入了眼帘,那是血!他急忙闭上了眼睛,而且强烈的刺激已经使他两腿发软,几乎晕倒。

伊万的老朋友见此情形,遗憾地摇了摇头:"这孩子晕血,医生这个行业他是不适合的,你再去别的地方找找看吧!"

玛利姬仿佛听见了自己心碎的声音,她实在抑制不住内心的痛苦,坐在地上号啕大哭。

那个朋友又想了想,安慰她说:"你不要难过,要不去圣彼得堡中央师范学院试一试。伊万就是那里毕业的,可能会通融些。"

一句话提醒了玛利姬,她立即擦干眼泪,连声谢谢也没顾上说,就带上门捷列夫匆匆向圣彼得堡中央师范学院奔去。

来到圣彼得堡中央师范学院,玛利姬母子径直走进了院长办公室。正在看书的院长没有责怪风风火火闯入他办公室的妇女和孩子,而是放下书,问她有什么事情。

这个性急的女人,遇到客气地对待她的人,却一时语无伦次了。她一会儿说儿子如何聪明过人,一会儿说她如何不幸,一会儿说她为儿子上大学跑了多少地方。

老院长是个很有同情心的知识分子,他从玛利姬杂乱的叙述中了解到,她是伊万·巴甫洛维奇·门捷列夫的妻子。伊万是他大学的同学,他知道,那是个很有思想和同情心的人。

老院长怀着极大的同情接待了这对母子。但对于门捷列夫能否入学,他没有把握,因为这所学校每两年招生一次,而今年不招生。

玛利姬倔强地说:"能不能破例呢?我可以直接向教育部递交申请。"

经过老院长的努力和一些朋友的帮忙,门捷列夫终于破例被圣彼得堡中央师范学院自然科学数学系作为"旁听生"录取了,他成了该学院年龄最小的大学生。

1849 年 8 月 9 日,学院代表大会确认了门捷列夫的学生资格,但是他必须立下字据,保证毕业后服从分配,在教育部所属的学校内教课。

这就相当于契约式服役,而且每在师范学院学习一年,毕业后就要在分配的学校"服役"至少两年,就是说门捷列夫毕业之

后,应该在圣彼得堡中央师范学院至少工作 8 年。

就这样,历尽千辛万苦,门捷列夫终于进入圣彼得堡中央师范学院学习。门捷列夫目睹了这一路求学的艰辛,站在学院的门口,他给自己立下了目标:"为了母亲,为了自己,米嘉,你一定要做到最好,一定要成为这里最优秀的学生。"

失去了最亲的亲人

圣彼得堡的中央师范学院是一所全体学生都能享受公费待遇的寄宿制高等学校。这所学校对在该校学习的学生不收取任何学费,还会给学生发放少量的助学金。

为了保证培养出"完全可靠的教师",尼古拉一世的教育部在这所学院完全实行军事化的管理模式。学生们的学习和生活都要在校园以内,如果有学生想出校门必须提前申请,经督学允许后方可离校。

这所学校还制定了一套严格的日程表,把学生们的作息时间安排得满满的,所以在校的学生们根本不可能有太多自由的时间。这也就避免了学生因各种理由申请离校的现象发生。

在门捷列夫刚入学的时候,学院里的环境糟糕到了极点。在他看来,学校里简直就是阴云密布,各种条条框框压得人喘不过气来。

著名的教育家别林斯基看到学校的制度以及学生的境况,曾经痛斥这所学校"扑灭和蒙蔽俄罗斯教育"。当时著名的文艺批评家杜勃罗留波夫也是这所大学的学生,他曾写下不少讽刺诗来抨击这里的诸多丑恶现象。但是,这所学校也有其出色的一面。一批当时很有名望的科学家都在这里任教,如化学家伏斯克列森斯基,科学院院士、物理学家楞次,数学家奥斯特洛格拉茨基院士,天文学家萨维奇院士等。

就这些科学家的成就而言,楞次论证了电磁感应定律,伏斯克列森斯基确定了萘和可可碱的化学式等,这些都是当时在世界上具有极大影响的科学成果。

学校的另外一个好处就是,教学方式完全采取小班授课的模式,每班不能超过 10 人。这样一来,一些真正有才华的学生是很容易被老师们发现,并加以适时引导和教学的。

还有一点,这所学院招收的学生人数很少,在门捷列夫入学的那一届,全学院仅招收了 100 名学生。

门捷列夫从入学的那天开始,就如饥似渴地学习起来。他每一门功课都非常认真地听讲,并随时做好课堂笔记。在有限的课余时间,他还去学校的图书馆饱读各类经典。他就如一个饥饿的学子,在知识的殿堂里贪婪地吮吸着各学科的知识。

由于门捷列夫是在托博尔斯克那个小地方上的中学,基础打得并不好,所以他第一学期的学习成绩在班上名列倒数第四。但是,门捷列夫并未因自己这样的成绩而气馁,他下定决心一定要通过自己孜孜不倦的努力,成为全班乃至全学校最出色的学生。

循循善诱的化学家伏斯克列森斯基慧眼识珠,很快发现了众多学子中的门捷列夫在化学方面的天资。他给了门捷列夫极大的帮助。

这位在当时不过 40 岁出头的教授,以其杰出的个人品格和

出类拔萃的学识彻底征服了门捷列夫。

伏斯克列森斯基教授为人和善,教学严谨。他总能及时地发现一些在学科中的尖子生,并加以引导。他曾经培养出大批出色的俄罗斯化学家。他的许多学生,如门捷列夫、别凯托夫、索科洛夫都崇敬地称他为"俄罗斯化学之父"。

伏斯克列森斯基非常重视学生们的活泼创造思想,他极力鼓舞学生要尽可能地发扬独立精神,教导他们大胆地去思考并克服前进道路上的一切障碍。

正是受了伏斯克列森斯基的影响,门捷列夫才对化学产生了更为浓厚的兴趣,进而走进化学王国的辉煌殿堂。

在师范学院学习期间,门捷列夫与他的同学——俄国民主主义革命家杜勃罗留波夫等人建立了深厚的友谊。门捷列夫在朋友的影响下,也经常阅读具有革命民主主义倾向的刊物《现代人》和《钟声》。

门捷列夫还喜欢同外系的同学(如哲学系、历史系和经济系的同学们)争论有关科学、哲学、社会政治生活等诸多问题。与其他学科的同学的交流,对他扩大视野、磨炼思想起了巨大的作用。

门捷列夫这样说过:"别的专业的同学们对学生整个发展的影响几乎不小于教授。当我在中央师范学院自然科学数学系学习时,我与同学们毗邻而居,其中不仅有与我听一、二年级一般学科的数学系同学,而且也有外系学哲学、历史和经济学的同学,我永远也不会忘记那些不同意见的争论,这种争论经常发生,大大有利于磨炼我们大家。"

就在门捷列夫在学校里如鱼得水的时候,不幸的灾难再次降临到了他身上。

自从门捷列夫入学院以后,家中就只有玛利姬和丽莎两个人了。而长时间的奔波结束后,一种不习惯的平静对于精力充沛的玛利姬来说,似乎是个致命的打击。她就像是一直在不停转动的机器,一旦没有了动力,就再也撑不住了。

在门捷列夫进入师范学院九个月后,玛利姬彻底地病倒了。

在一个秋风瑟瑟的季节,玛利姬望着师范学院的方向,自言自语道:"永别了,我的孩子。对于你的未来,我死也放心了。我相信,你将成为一个伟大的……"

玛利姬·德米特里·耶芙娜这位伟大的母亲对儿子的祝愿尚未说完,就被死神无情地夺走了生命。

门捷列夫回到家里,伏在母亲的身上失声痛哭起来,他不敢相信那最爱自己的母亲真的离开了人世,他也不能相信这一切都已经完结了。

一幕幕往事清晰地浮现在他的脑海。母亲的音容笑貌,母亲的举手投足,一切就像是在昨天,一切恍若眼前。

当门捷列夫睁开无力的双眼,看到眼前只是母亲孤零零的坟墓时,他彻底地相信了这一事实。往事不能回首,越是回首越使他揪心地疼痛。

母亲以她的勤劳养育了他们14个兄弟姐妹,而在父亲双目失明后,一家人生计的重担几乎全落在了母亲的肩上。

这个勤劳、刚强、慈祥的母亲虽离开了门捷列夫,却影响了他的一生。母亲临终的遗言是:

　　不要欺骗自己,要辛勤地劳动;不要花言巧语,要耐心地寻求真正的科学真理。

因为她知道,人们应该了解更多的东西,并借助于科学的帮助,不是强迫,而是自愿地去消灭成见和错误,而且可以做到:捍卫已经获得的真理,进一步发展自由,共享幸福和内心的愉快。

母亲的遗训成了门捷列夫一生成长的指明灯。

第二章

崭露头角

毅力战胜了病魔

在母亲玛利姬去世一年半后,门捷列夫的姐姐丽莎也离开了人世。在圣彼得堡,他一下子变得孤苦伶仃了。然而,门捷列夫并未因此消沉下去,而是以他那惊人的毅力开始了新的学习生活。

对于举目无亲又无财产的门捷列夫来说,学校就是他的家。大学虽然说是公费的,但是少量的奖学金只能买必要的书,同时维持很低的生活水平,门捷列夫几乎每天都是饿肚子的。

当饥饿难忍时,门捷列夫就想起母亲的艰辛,想母亲的临终嘱咐。想到这些,他就不觉得饿了。他把注意力放到书本上,以精神的食粮慰藉着空空的肚子。

在如此艰难的条件下,门捷列夫不仅把本专业的课程学得很好,而且还选修了相邻专业的课程。

著名的数学教授奥斯特洛格拉茨基和被誉为“俄罗斯航空之父”的茹可夫斯基,还有“大自然实验家”库托尔格教授都让门捷列夫对他们各自的领域产生了浓厚的兴趣。

后来,才华横溢、被称为“俄罗斯化学之父”的伏斯克列森斯基教授的出现,又使门捷列夫一头钻进了化学的世界里。

19世纪40年代初,俄罗斯化学家的学术活动发生了重大转变。年轻的科学家们摒弃了纯实用角度的课题,代之以理论和实验研究。这些研究活动都与化学和自然科学的最新成果有着千丝万缕的联系。

19世纪第一个十年，出现了一门有无限前景的新学科——有机化学，这引起了俄国化学家的特别注意。那时也出现了一批著名的有机化学家，其中包括伏斯克列森斯基和齐宁。

与此同时，俄国科学家在无机化学和物理化学领域也取得了重大成就，较有代表性的是克拉乌斯发现的新元素钌和高斯发现的热量守恒定律。

在这样的历史背景下，门捷列夫发现化学能帮助人们正确认识自然界，而且还能实现他从小就拥有的理想：为了人类的利益而获得简单、廉价和"到处都有"的物质。

于是，门捷列夫下决心要成为一个化学家。可在这中间还有一个小小的插曲。

自从母亲去世后，门捷列夫失去了生活来源，为了能够有更多的钱买书和维持生活，他曾经在放假期间，给有钱人家的孩子当家教。

他的动物学教授、科学院院士布兰特有一大群孩子。因为欣赏门捷列夫的才华，同时也是为了帮助他，布兰特就让门捷列夫给他的孩子们上课。

受到布兰特教授的长期熏陶，门捷列夫一度把大部分精力投入动物学的研究中。他按照布兰特教授的指示，写了一篇题为《关于圣彼得堡省的啮齿动物》的论文。除此之外，还写了另外一篇论文《动物大量繁殖的一些条件》。

门捷列夫兴致勃勃地想把这两篇论文都发表出来。他把其中的一篇寄给了莫斯科大学教授卢尔叶主编的《自然科学公报》。因为卢尔叶与布兰特两个人之间的学术分歧，门捷列夫的这篇论文被婉言拒绝了。

另一篇论文寄给了人民教育部的杂志,但也遭到了同样的冷遇。门捷列夫原本打算毕业后献身于动物学的研究,但遇到这些挫折之后,他对动物学失去了兴趣。

如果当时门捷列夫坚持下去,相信动物学也会在这位天才的手中有所发展的。

门捷列夫喜欢的课程越来越多,他的时间变得越来越不够用。于是,他把吃饭的时间、睡觉的时间,甚至上厕所的时间都挤了又挤。

实验室、图书馆、宿舍三点一线,构成了门捷列夫全部的生活。同学们都劝他注意休息,他感激地点点头,又坚决地摇摇头:"谢谢,但是我要锻炼自己。"

是啊,母亲去世了,小姐姐丽莎也病故了,而他唯一能做的,就是学习、研究,以告慰母亲。

由于长时间的营养不良加上超负荷的脑力劳动,门捷列夫在大学三年级的时候身体就垮了:食欲不振,面容消瘦,咳嗽不止,而且咳得好像要把五脏六腑都震碎了。因为咳得太厉害,两耳也开始嗡嗡作响,只要工作一会儿,就有晕眩的感觉。

由于影响了学习和工作,门捷列夫不得不去医院看病。

那名老医生仔细听了门捷列夫的叙述后,皱起眉头。

"咳血吗?"

"偶尔有。"

"住院吧,小伙子。再这样下去,你的身体会吃不消的。"

门捷列夫犹豫了一下,想到现在正是实验进行的关键时刻,于是请求道:"能不能先给我开点药啊,我现在还有很重要的事情没有完成,完成了我再来住院。"

老医生听了他的请求后非常恼火:"小伙子,你今年多大啊?怎么就这么不注意自己的身体呢?没有好的身体,你怎么能够好好工作呢?"

门捷列夫依然苦苦地请求医生给他开药,并保证如果再咳血就立即来医院。最后,老医生实在没有办法了,给他拿了点药,千叮咛万嘱咐,让他稍有不适立刻就来。

门捷列夫拿了药,又急忙赶回了实验室。他不知道自己患上了肺病,这种病在当时是不治之症。

吃了药后门捷列夫感觉好了点,他又开始了实验。但是,时间总是在不知不觉中滑过,吃药的时间总是被一次又一次地错过。最后,他竟然晕倒在实验台边,被大家送进医院抢救。

经过医护人员的大力抢救,门捷列夫醒了过来,他的第一句话问的竟是实验的结果。在场的人又生气又佩服,气他对生命的不珍惜,佩服他对学习的执着与认真。

经过医生的全面检查,最后,门捷列夫被确诊得了肺结核。

门捷列夫知道这个消息后,他惊呆了。命运为什么要如此捉弄人呢?它让那些游手好闲、无所事事的人拥有健康的身体,而我却患上绝症?我还有许多的事情没有完成,许多的知识没有掌握,还有很多的想法没有实现。怎么办呢?是在那里瞪着天花板,等待着死神的到来,还是对死神置之不理,与病魔战斗到底?

他想到了父母的期望,想到了母亲为他上学所遭受的屈辱,想到了课本上那些神奇的数字、奇怪的符号,他下定决心不服输,和病魔斗争到底。

于是,门捷列夫又开始工作了,这让医护人员感到吃惊,没有一个病人是这么治病的。他把全部精力都花在查找资料和撰写论文上面,简直把病房当成了实验室,当成了课堂,当成了战场。

一开始,护士还对他加以劝阻,把他的书籍和笔记都收走了。但是,门捷列夫仍然凭着惊人的记忆力,思考或推导数学问题。后来,大家干脆由他去了,反正他也是死马当活马医的病危者,在他生命最后的日子里,就遂他的愿吧!

有一天,医生郑重其事地通知门捷列夫:"鉴于你的身体状况,请及时办理转院手续,到基辅继续治疗。"

门捷列夫听完医生的指示,沉思了片刻,此时他想的不是基辅和煦的风和温暖的阳光,他首先想到的是这里的老师、同学,想到的是他未完成的学业。

门捷列夫微笑着对医生说:"基辅的确比圣彼得堡气候好,但我去了那里会失去很多东西,这样说不定我的病情反而会加重。"

医生听罢,无可奈何地摇了摇头。

门捷列夫住在学院的附属医院里,他每天都能看到同学们在教室走进走出。门捷列夫急得不行,病情稍微有点好转,他就要求出院。

大家全都用一种不可置信的目光看着他,一位老医生劝他说:"在这里,我们已经不干涉你的学习了,你为什么非要出院啊!你知不知道,你现在可是连翻个身都会出危险的病人!"

门捷列夫说:"大夫,你要是让我卧床不起,那不是和死人一样了吗?在这里,我虽然也可以学习,但是课本的知识是有限的,一个人的想法是局限的,所以我想出去。"

他的话、他的行为感动了大家,最后,医院经慎重研究,同意

了门捷列夫的请求,但叮嘱他一旦不适马上返院。也许是病魔被这个顽强的小伙子吓跑了,门捷列夫的身体状况竟然慢慢有所好转了,逐渐恢复了健康。

一个月后,门捷列夫完成了对芬兰褐帘矿的研究。第二年,他的第一篇论文《关于芬兰褐帘石和辉石的分析》,发表在矿物学协会的刊物上。

得知这个消息的人都感到十分惊讶,得了绝症,对门捷列夫来说到底是厄运还是一桩幸事呢? 是不是死神也怕工作狂呢? 智慧之神竟然在此时敲击他的头脑!

不久,门捷列夫又开始研究同晶现象,为自己的毕业论文做准备。

同晶现象是指一种化合物中的元素被相似元素代替时,其结晶形式不变的现象。比如,甲元素与乙元素性质相似,那么,甲元素的化合物的结晶形式就与乙元素的化合物的结晶形式相同;反过来,由两种化合物的结晶形式的相同,同样也可以推知,组成它们的某两种化学元素的性质是相似的。

1855 年 5 月,门捷列夫毕业的日子到了。他给九泉下的母亲献上了一份最好的礼物:他是毕业生中成绩最好的,名列第

1855 年,门捷列夫以金质奖章从圣彼得堡师范学院毕业。

一。他荣获了一枚金质奖章。

全体参加考试的人都向伏斯克列森斯基教授和他的天才学生致以热烈的祝贺。一个普通学校的大学生,竟在读书期间取得了如此辉煌的研究成果,真叫人不敢相信。很多有远见的人都从这个聪明、执着、顽强的学生身上看到了未来天才研究的潜质。

这种看法的根据,就是门捷列夫最初的一些科学研究工作,其成果即为这位青年人所做的毕业论文——《论同晶现象与结晶形状及其组成的其他关系》。

这篇著作被刊登在 1856 年的《矿业杂志》上,而且在同年还出版了单行本,并得到了学术界的广泛好评。它是门捷列夫理论观念发展的起点,又是他后来发现化学元素周期律的基础。这篇文章把门捷列夫真正带进了化学研究领域,决定了这位伟大的科学家一生中的许多东西。

论文中讲到,把一种同晶物质中的晶体浸入另一种物质的饱和溶液中,可以看出,浸入液体中的晶体又在表面上生长出由溶解了的同晶物质的原子所构成的新层。

门捷列夫在师范学院实验室中培育了各种极不相同的物质的同类结晶体,而用各种天然矿物标本研究了同晶现象。他以极其浓厚的兴趣观察到同晶物质是怎样由溶液中结晶而出,成为同类构造的混合结晶体。

门捷列夫在研究同晶现象时,曾努力想获得关于同晶物质的各原子中间相互联系的概念,他正确地认识到研究这些联系就是研究化学的主要任务之一。后来,门捷列夫称这种同晶现象为:可以自然地使各种元素分组的重要属性之一。

门捷列夫深深地爱着他的母校,1904 年,也就是大学毕业近

50年时,他还十分温情地回忆起自己的母校,并将其所有的发展都归功于这里。门捷列夫满怀深情地说:

> 那时我只是一个领助学金的学生,甚至一度只是旁听生。我对学习的热情完全可以因为没有机会而丧失殆尽,但是那里既有称心如意的课程,又有志同道合的同志和方便、舒适的图书馆、实验室。时间和精力没有浪费在路途奔波上,也没有消耗在衣食劳碌上。学校给我们提供了一切,一切东西都很容易弄到。
>
> 让我们拿什么,我们就去拿什么就可以了,因为教授可以告诉我们最好在哪里、拿什么。教授们都是当时一流的学者,完全具备决定学校发展方向的实力,而我们所得到的一切无不取决于学校的发展方向。
>
> 我们学校注重数学,因为有奥斯特洛格拉茨基;注重天文学,因为有茹可夫斯基;注重物理学,因为有库托尔格;注重动物学,因为有布兰特;注重化学,因为有伏斯克列森斯基……

不甘平凡的人生历程

门捷列夫毕业后,科学院院士弗里茨惊讶于门捷列夫的天分,也是出于爱才之心,特地给圣彼得堡中央师范学院院长写了一封举荐信,极力推崇门捷列夫的才能,指出他"在化学上很有进一步深造的必要"。

同时,学院委员会向上级主管部门提出申请,请求把门捷列夫和另外几个优秀毕业生留在圣彼得堡中央师范学院一年,准备硕士学位的考试。

但按照当初的协定,门捷列夫这样的旁听生在师范毕业后应到中学任教,而且,医生认为门捷列夫这个肺病患者应该到气候温暖一点的地方去,圣彼得堡的气候对于这位才能出众的青年的健康太有害了。

临行前,伏斯克列森斯基教授对他说:"你的翅膀已经长硬了,即使不在我的身边,你也会很出色的,而且会比我更出色。"

门捷列夫望着教授,想说什么却又说不出来。

伏斯克列森斯基拍了拍他的肩膀,"别说了,准备行装吧!你可以在敖德萨和辛菲罗波尔这两个南方城市里挑一个,因为你是优秀毕业生,你有挑选去向的资格。"

门捷列夫毫不犹豫地选择了敖德萨,因为那里有一个学术研究会,还有一个藏书量很大的图书馆,相比之下,辛菲罗波尔没有这样的条件。

可是这位苦命的大学生,离开了昨天的不幸,又走上了一段新的苦难旅程。在沙皇统治下的俄国,国民教育部竟把敖德萨的名额分给了一个叫雅恩吉维奇的人,而给门捷列夫的派遣证却是到辛菲罗波尔的。

伏斯克列森斯基和门捷列夫本人都与国民教育部交涉,对方回答是:"名字有点相同,弄混了。"其实,这两人名字几乎没有什么共同之处。任凭师生二人如何请求,都无法改变成命。

1855年8月,门捷列夫不得不动身前往辛菲罗波尔,准备开始他当教师的生涯。

辛菲罗波尔是距离塞瓦斯托波尔很近的一座小城,而塞瓦斯托波尔在那时正是卫国战争时期。

1853年,为争夺巴尔干半岛的控制权,土耳其、英国、法国、撒丁王国等先后向俄罗斯宣战,这就是著名的克里米亚战争。

1854年9月20日,俄军在阿利马河畔失利后,在缅希科夫海军上将指挥下撤向塞瓦斯托波尔。

在敌众我寡,火炮的数量及武器质量均处劣势的情况下,塞瓦斯托波尔的官兵仍然坚持抗战了349天,最终于1855年9月8日被联军击败。

门捷列夫来到辛菲罗波尔的时候,战争已经处于最后阶段,因此辛菲罗波尔堆满了军火,也住满了伤兵。

门捷列夫被派去教书的那所中学,由于战争的原因根本无法开课,而图书资料和仪器设备的缺乏,更使科学研究成为一句空话。习惯于不间断地学习和工作的门捷列夫十分苦恼。

门捷列夫酷爱和平,他坚定地认为,俄国必须改革其社会政治制度。作为一个爱国者,他又希望俄国的领土不受侵犯。

门捷列夫的姐姐巴萨尔金娜给门捷列夫写信说:"我很担心你会受到前方战事的诱惑。你不会给战争带来什么帮助,相反会断送你的前程。你现在最重要的是寻找名医,把你的身体调理好。"

姐姐的担心是多余的,门捷列夫已然认识到,导致这场战争失败的直接原因是当时俄国落后的经济能力。他更加清楚地认识到,作为科学家的社会责任,最根本的就是要使国家强大。他反对俄国去侵略别国,也不希望别国侵犯自己的祖国。

门捷列夫在时刻关注战事的同时,听从了亲人和朋友的劝告,积极地寻找名医。幸运的是,他结识了一位医术精湛的战地医生——比罗果夫,并与他成为莫逆之交。

比罗果夫为门捷列夫做了全面的检查后,发现他患的不是肺结核,而是一种并不危险的心瓣膜病。至于偶尔的咳血,不过是喉头出血症罢了。只要对症下药,这种病是完全可以治愈的。

一直压在门捷列夫心头的一块石头终于被搬开了,他顿时感到一阵轻松。世界原来是如此的美好,上天对自己又是何等的仁慈!可以说,比罗果夫给了门捷列夫第二次科学生命。

诊断正确了,再服用些对症的药物,门捷列夫的病情开始快速地好转。但是,由于战乱的原因,辛菲罗波尔的物价飞涨,加上这里也不具备起码的工作条件,门捷列夫的心又飞到了他早就希望去的敖德萨。

立秋后的 10 月 30 日,寒冷正降临到辛菲罗波尔。门捷列夫穿上能勉强御寒的短皮大衣,脚蹬熊皮靴,口袋里揣着仅有的一个月的薪水,满怀希望地动身前往敖德萨。

门捷列夫凭着大学毕业的资历和成绩,很快在敖德萨历史最悠久的学校——西里尔耶夫学术研究会附属敖德萨第一中学,找到了教书的工作。

这里没有受到战争的影响,它作为文化中心的地位依然如故,而且这里的实验室条件、图书馆条件都比较好。门捷列夫在授课之余,利用那里大学的实验室和图书馆,准备自己的硕士论文《论比容》。

这是一个介于化学和物理学之间的课题。比容是单位质量所占有的体积,不同的物质有不同的比容。当物质发生物理变化

或化学变化时,其比容也会相应改变。

门捷列夫进行了许多研究,最后集中在一个月的时间里,完成了自己的硕士学位论文。

《论比容》不是实验的结果,但它也不是普通的文献引用,而是实实在在的理论研究的成果。文中论题从当时围绕化学基础理论问题展开的争论切入,并以其为背景进行论述。

这篇论文是深入、细致研究的结果,不仅显示了门捷列夫惊人的总结能力和广博的化学知识,并且指出了比容使人们可能根据固体的体积来区别"取代现象"和"化合现象",以及根据比容进行化学化合物的自然分组的途径。

在这篇论文中,门捷列夫非常自信地写道:"牛顿预言的时代无疑将会到来,那时许多化学过程将从属于力学定律。"

写完这篇论文,门捷列夫长长地舒了一口气。几个月前,还有人预言,他将成为一个终生需要别人照顾的残疾人,而比罗果夫医生则明确地说:"你可以实现你的科学家之梦。"

如今,论文写出,门捷列夫又向前迈进了一步。没有疾病的困扰,他的心情特别舒畅。

1856年5月,门捷列夫向校长请了3个月的假,前往圣彼得堡参加硕士毕业考试。校长相信这位青年人的才能,很快地批准了门捷列夫的请求。

人们再次见证了门捷列夫非凡的实力:在所有的考试科目中,门捷列夫都获得了很高的评价。

但由于那篇《论比容》的论文要秋天才能印出来,毫无疑问,答辩最早得9月份才能进行。门捷列夫的导师伏斯克列森斯基教授认为,自己的学生会毫无困难地取得硕士学位,并且很快成为一名副教授,因而劝他不必再回敖德萨去。

门捷列夫说:"可是,第一,在敖德萨,我还得再干一年才到期;第二,在这里也没有空缺职位。"

"你可以先在我那里帮我干一段时间,顺便在四周走走,看看大自然,这几年你真的太累了。"

门捷列夫想了想,接受了伏斯克列森斯基教授的提议,他非常希望能够再在这位教授身边工作,在那里学到的不仅是知识,还有许多做人的道理。

就这样,门捷列夫在圣彼得堡留了下来。到了秋天,他参加了论文答辩。答辩委员们公认门捷列夫的论文无懈可击。

门捷列夫后来曾不止一次地强调他最初的研究工作对于发现周期律的意义。

他说道:"要知道,同晶现象也就是各种不同的物质形成同样结晶形状的能力,是同族化学元素的一种典型属性。比容,即密度的倒数,也是一样,它正像我后来所观察到的一样,是当单质的原子量增加时,单质周期性和重复性的最鲜明例证之一。"

圣彼得堡大学号称俄罗斯最高学府,当年被这所大学傲慢地拒绝了的门捷列夫,如今以辉煌的成绩"敲"开了它的大门,获得了物理和化学硕士学位。

门捷列夫虽然才智过人,但从不恃才傲物,他更懂得时间对于一个人,特别是对于一个科学工作者的意义。戴上硕士帽仅仅3天,他就向圣彼得堡大学校方呈上了一份申请书,允许他答辩另一篇旨在取得讲课资格的学术论文:《论含硅化合物的结构》。

校方已开始对这个年轻人有所了解,于是同意他一个月后正式答辩。在这篇论文里,门捷列夫娴熟地运用了有关玻璃制造

工艺的实用知识,使制造玻璃的许多方法有了科学的理论依据。

这次答辩又获得了巨大成功。圣彼得堡大学明确地认可了门捷列夫具备在这所"俄国第一校"任教的能力。

这位来自托博尔斯克的西伯利亚青年,终于用实际行动报答了母亲的养育之恩。

1857 年 1 月,门捷列夫被批准为圣彼得堡大学化学教研室的副教授,那一年他刚刚 23 岁。他负责教化学,同时也担任了秘书一职,教学和组织工作让他变得异常繁忙,但他依然坚持科学研究,并不断有论文在国内外的杂志上发表。

人们一致认为:这个年轻的副教授将会成为继俄罗斯化学泰斗齐宁和伏斯克列森斯基后的化学界的一颗新星。

1857 年 1 月,门捷列夫被批准为圣彼得堡大学化学教研室副教授。

到德国学习深造

门捷列夫把自己全部的热情投入科学研究中，他看到当时俄罗斯的科学、工业、教育等都还太落后，他决心要凭借自己不懈地努力工作，去改变这个美丽的祖国母亲的现状。

但是现实是残酷的，圣彼得堡大学的实验室条件虽然比敖德萨好些，但仍非常简陋，与"俄国第一校"的美名相差甚远。

门捷列夫的实验室设在校舍里，是两间用石头铺地，摆放了空橱柜的小房间。实验室没有排气和通风设备，刺鼻的化学试剂气味弥漫在实验室里，待的时间稍长一点人就会流泪、咳嗽甚至窒息。

当有的实验需要长时间看守在那里的时候，那些有毒的气体就会乘虚而入，大大地损害人的身体健康。所以，无论雪花飘飞，还是狂风骤雨，只要有可能，大家就会隔一会儿就到外面去透一口气。

"我们就像缺氧的鱼儿，总要从污水中把头探到水面去，呼吸新鲜空气，这样才能接着在水里游。"大伙儿无可奈何地摇着头。

至于实验室，设备就更是简陋得不成样子。当时全圣彼得堡都买不到试管，橡皮接管也必须自己亲手制造。科研经费奇缺，连当时俄罗斯最卓越的化学家齐宁，每年也只有30卢布化学实验室经费。

齐宁是俄罗斯近代有机化学研究的奠基人，他不仅首次合

成了苯胺和萘胺,对有机化学的发展做出了重要贡献,而且在俄罗斯传播了西欧的现代科学思想和实验方法,并为他的祖国培养了一大批化学家,其中包括布特列洛夫和鲍罗廷,后来,他们都在化学界享有盛名。

当时的化学界流行这样一句话:实验室越简陋,实验成绩就越好。可在这句幽默的话语背后饱含着多少化学家的辛酸与无可奈何呀!

门捷列夫向他的老师伏斯克列森斯基诉苦道:"我把搞科学研究工作的时间都白白地浪费在了做实验设备上,即使是研究染料这种极为简单的实验,也要折腾好多天。那些被我挤出来的时间,都用在一些并不重要的事情上,我真的很痛心。"

伏斯克列森斯基也很无奈,说:"这是整个俄罗斯的现状,圣彼得堡大学已经是第一学府了,它都这个样子,你可以想象一下别的地方,那里只能是更糟糕。"

门捷列夫接着抱怨:"一篇论文花了那么多的时间,可是稿费却很少。没有实验经费,没有实验设备,做起实验来困难程度要大好多。"

伏斯克列森斯基话语沉重地说:"我们大家都一样。我不得不在5所大学里兼课,才能勉强维持一家人的生计。在俄国进行科学研究是很困难的。很遗憾,现实就是这样的可悲。"

许久,他的目光中又泛起了希望:"你现在正是风华正茂,听我的忠告,到外国去吧!在国外,你可以认真地进行研究工作。那时,你就不用再为这些琐事分心而丢下主要工作了。"

听了导师的一番话,门捷列夫也好像看到了希望,"是啊,与其在这里抱怨,不如出去深造几年,那时候我能够发挥更大的力量。"

门捷列夫向教育部提交了出国深造的申请,他焦急地等待着。可是时间一天天地过去了,出国的事情却杳无音信。

门捷列夫觉得等下去不是办法,如此恶劣的工作条件,很难在科研工作中取得突破性进展,即使自己最后出国深造,这也是一个必须加以改变的问题。于是他打算通过向社会呼吁,从而引起政府的关注。

他一边在圣彼得堡大学教书,一边兼职主持《国民教育部杂志》的科学报道部。

他在这个刊物上发表了许多文章,如《关于液体玻璃和玻璃釉药及其用法》《新染料》等。这些文章不仅运用科学知识指导了工业生产,更重要的是指出了两者的密切联系,即:不发展科学,工业就不能获得进步。

门捷列夫的想法是非常好的,做法同样也是对的,但是沙皇政府对于科学的态度,不是区区一个青年化学副教授写写文章所能改变的。

就在门捷列夫的心情为此日益沉重的时候,他接到了教育部"出国留学派遣令",派遣他到欧洲去"在科学方面进行深造",地点由他自己选择。

这突如其来的喜讯,使门捷列夫心头的阴霾顿时消散。他急忙向伏斯克列森斯基教授那儿跑去。

"老师,我出国的申请批下来了。"门捷列夫兴奋地向伏斯克列森斯基教授汇报。

伏斯克列森斯基教授听了这个消息也非常高兴,忙问:"多长期限? 到哪个国家?"

"期限两年,地点自己选。"

"这样太好了！让我想一想,杜马在巴黎工作,李比希在基森,凯库勒在根特……"伏斯克列森斯基掐着手指一个一个地数着那些大科学家的去处。

突然,他的眼睛一亮,抑制不住激动地说:"我看德国的海德堡不错,海德堡大学不仅有比圣彼得堡大学完善得多的实验条件,而且许许多多大科学家都聚集在那里工作,比如本生、基尔霍夫和卡利乌斯等。这些人都是第一流的科学家和实验能手,他们都能够给你很大的帮助。"

在伏斯克列森斯基教授的指导和关怀下,门捷列夫最后将进修深造的地点选在了德国的海德堡。

临行前,伏斯克列森斯基教授为他送行,用充满希望的目光望着他说:"希望你记住,你这次出去,是为了有朝一日俄罗斯的科学界也有甜润、清新的空气,为了俄罗斯的繁荣昌盛。一百多年前,罗蒙诺索夫曾为俄罗斯化学界赢得声誉,希望你也能像他一样,让俄罗斯人民为你骄傲！"

门捷列夫重重地点了点头,眼睛湿润了。他背负着振兴俄罗斯的化学界、科学界以及民族工业的使命,起程奔赴海德堡。

与众不同的留学生

海德堡大学是德国最古老的一所著名学府,也是一所最具海外知名度的大学。它坐落于德国西南部一座风景秀美的城市——海德堡城。

在 14 世纪,海德堡城已经成为欧洲文化的一个中心。海德堡有着得天独厚的迷人景致,加之古朴典雅的古堡建筑,使它成为举世闻名的旅游之城。

1386 年,鲁普莱希特选帝侯仿照巴黎大学,创办了海德堡大学。它的正式校名是鲁普莱希特·卡尔大学,以此来纪念两位创办大学的名人。

鲁普莱希特选帝侯是海德堡大学的创始元勋,巴登的卡尔大公则是海德堡大学的再造恩公。

在 19 世纪初,海德堡大学的财政一度濒于崩溃。卡尔·腓特烈大公见此情形,慷慨解囊,倾力相助。他还专门为学校聘请了许多名师前来讲学。从那以后,海德堡大学重振了往日的雄风,找回了以往的辉煌。

无论你是站在海德堡大学那座红色巨石砌成的图书馆前,还是漫步在山腰栗树林间的"哲人路"上,抑或是穿过横杂在奈卡河上的卡尔泰多大桥和河畔的森林,登上小山的最高点极目远眺,这一切无不让人心旷神怡,仿佛你的精神受到了一次重生的洗礼。

门捷列夫站在海德堡的土地上,在心中为自己呐喊着:"美丽的海德堡! 智慧的海德堡! 我来了! 我要把我的光和热洒在这里! 为我加油吧,为我喝彩吧!"

门捷列夫开始安排自己的行程,他首先要拜访的便是著名的化学家罗伯特·威廉·本生。

到海德堡不久,门捷列夫就迫不及待地去拜访了罗伯特·威廉·本生教授。本生教授是一位知识渊博、德高望重的教授。他一直进行着化学领域最前沿工作的研究,他也十分关怀他的学

生和年轻的科学家。因此,海德堡的大学生们都称他为"慈父般的本生"。

本生教授对这个来自俄罗斯的青年化学家的到访,表示了热烈的欢迎。本生高兴地打量着面前这个只有 26 岁的年轻小伙子。只见他一副高大而魁梧的身材,在炯炯有神的目光中满是自信和睿智,他披肩的长发,自然地带着西伯利亚的粗犷和豪放。

年近半百的本生微笑着说:"欢迎你,年轻人。我代表海德堡欢迎一个年轻的化学新生力量的到来!"

门捷列夫看着这位慈祥的教授,心里也很激动:"本生教授,我非常高兴能够有机会来到贵校,我将在这里学习两年,我相信在这段时间里,您能够教给我很多的知识。"

"这所学校是知识的海洋,我相信你一定会不虚此行的。"

"我也坚信这一点。"

门捷列夫又问道:"本生教授,您现在在进行哪类课题的研究?"

一谈到最新的课题,本生教授显得非常兴奋:"前几年,我研制成'本生'灯,此灯的温度可达 2300℃,且没有颜色,正因为这一点,才使我发现了各种化学物质的颜色反应。"

他看了看门捷列夫,一脸陶醉地继续说道:"我在'本生'灯点燃各种化学物质,发现这真是很奇幻的世界!钾盐灼烧时为紫色,钠盐灼烧时为黄色,锶盐灼烧时为深红色,钡盐灼烧时为黄绿色,铜盐灼烧时为蓝绿色,钙盐灼烧时为砖红色。真的太美了。在我眼里,化学不仅是科学,而且是美学。"

门捷列夫也被他的情绪深深感染了,高兴地问:"接下来您还发现了什么?"

"起初,我认为,我的发现会使化学分析极为简单,只要辨别一下它们燃烧时的颜色,就可以定性地知道其化学成分。但后来研究发现,事情绝不那样简单,因为在复杂物质中,各种颜色互相掩盖,使人无法辨别,特别是钠的黄色,几乎把所有物质的颜色都掩盖了。"

说到这里,本生语重心长地告诫门捷列夫:"化学是深奥的,不是想当然的,不要轻易地被它的表面现象所迷惑。"

门捷列夫赞同地点了点头。

本生教授继续说道:"我又试着用滤光镜把各种颜色分开,效果比单纯用肉眼观察好一些,但仍不理想。后来,我和物理学家基尔霍夫开始共同探索通过辨别颜色进行化学分析的方法。我们还制造了一架能辨别光谱的仪器。"

"哦,是吗? 有机会您带我见识一下。"

"没问题,我们给这个仪器取了个名字叫'光谱分析仪'。"

本生教授开始眉飞色舞起来:"你知道吗? 这光谱仪妙处真的很大! 通过它可以准确地鉴别各种物质的成分。前不久,我们利用它在狄克海姆矿泉水中,发现了一种新的元素。"

"新元素? 据我所知,人们已经很久没有发现新的元素了。自从16年前,俄罗斯喀山大学的克劳斯教授在乌拉尔白金矿找到'钌'以后,就一直没有新的元素被发现。"

"你说得没错,当时有的人说,也许地球上就只有这57种元素了,但是我用事实推翻了它。"

"您快和我讲讲您是怎么发现的,它又是什么样子的呢?"门捷列夫有些迫不及待了。

"我当时正在研究狄克海姆矿泉水,在分出了钙、锶、镁、锂后，把母液滴在火焰上，从光谱分析仪里，我看见了两条从没见过的鲜艳的蓝色明线。我反复观察比较，断定里面一定有新的元素存在。

"亲爱的年轻人，我把它命名为'铯'，意思是'蓝色的天空'，多美妙啊！"

门捷列夫若有所思地问道："您的发现是否预示着还将有若干种新元素被发现呢？如果是这样，我们能否预测出，地球上究竟还有多少种尚待发现的元素呢？"

"这恐怕不可能。化学是一门严谨的科学，它是以事实作为依据的，它不同于巫术、占星术，不可以预言一切尚未发生的事情。

"我现在只能说，我会尽自己所能，去寻找新的元素。我的一只眼睛虽然在实验中被毁掉了，但是我热爱这份事业，我愿意为它付出我的一切。"

说到这里，本生像发现了什么，热情地看着门捷列夫："年轻人，来谈谈你的研究吧！如果你有兴趣，欢迎你加入我们的行列，我们一起搞光谱分析，我相信一定还会有伟大的发现。"

门捷列夫摇了摇头说："谢谢您的好意，光谱分析我从未研究过，可能无法为您做什么。我到这里来，主要是因为在我的国家没有进行实验工作的良好条件，所以来到这里，我希望继续我在国内的工作。"

本生教授用一种敬佩的目光看着眼前的这个年轻人，赞叹道："你是个与众不同的人，许多留学生来到这里是有什么学什么，导师让干什么就干什么，慢慢地去摸索研究方向。而你早就有了明确的研究方向，并且非常专一，这是科学家有所成就的必要素质，就像聚光镜会把阳光聚到一点一样，只有这样，才能在科学上有所建树。年轻人，你真的很棒！"

"谢谢您的夸奖，我觉得兴趣是研究成功的前提。我想研究一门能使化学、物理学和力学相结合的专门科学，因为我确信，化学的亲和力与内聚力是一回事，并确信，如果不知道分子内聚力的大小，就不可能完全解决关于化学反应原因的问题。因此，我想选择这个很少有人问津的问题作为研究方向。"

"我明白了，"本生说，"你是想对俄罗斯工业的发展做出点贡献。是啊，化学家对于发展工业负有不可推卸的责任！小伙子，好好干吧，我们会殊途同归的。对了，如果有什么需要，你尽管开口。"

这是一次非常愉快的谈话，这次谈话也对门捷列夫以后的人生发展起到了至关重要的作用。门捷列夫不仅得到了本生教授的初步认可，而且从这次谈话中，还学到了很多的东西。

遇到这样一位博学多识的良师益友，门捷列夫相信，自己在海德堡的这两年，一定会过得非常有意义。

攻克科学难关

门捷列夫应邀到本生教授的实验室进行实验研究。本生教授的实验室是用旧教室稍加修缮后建成的，虽然外表简陋了些，但是设备齐全，比起圣彼得堡大学的实验条件，简直好了上百倍。门捷列夫满怀信心地在这里开始了自己的研究。

但是刚开始工作，他就遇到了麻烦。在他旁边做实验的卡

利乌斯正在为制取硫的化合物大忙特忙,这种化合物有着比臭鸡蛋还要难闻的气味,使门捷列夫头痛异常、咳嗽阵阵。

另外两位大科学家本生与基尔霍夫,此时正集中精力研究用光谱分析的方法发现新的元素,也顾不上照应从俄国来的青年化学家。

无奈之下,门捷列夫利用自己所领到的有限的出国费用,到巴黎和波恩转了一圈。

他在巴黎弄到了按当时标准算是很好的高差计、分析秤、空气泵,用于测量显微镜和测微计的玻璃内径的仪器等,凡是必需的仪器都买了。除此之外,他在巴黎和波恩还弄到了所需的试剂。

回来后,门捷列夫把自己的两间住房腾出了一间,自己花钱在家里安了煤气,自己动手安装好仪器,建起一间小小的实验室。

实验计划本身是创造性的,买来的仪器往往不够使用,门捷列夫就自己设计制造。童年时代在玻璃工厂获得的知识帮助了他。有一种根据门捷列夫的设计制成的比重瓶,由于能精确地测量液体的比重,获得了广泛的应用,这种比重瓶后来就被称作"门捷列夫比重瓶"。

本生教授在小实验室建成后,抽空来了一次,他参观完这个小实验室,拍了拍门捷列夫的肩膀,笑着说:"年轻人,真的很不错。这里虽然简陋了些,但毕竟是你自己的实验室。当初我的实验室还不如你的呢!而且你自己制作的那些设备,我觉得都非常不错,既实用又便宜。你有什么需要尽管开口,我会尽力帮助你的。"

门捷列夫感激地说:"教授,谢谢您,我觉得您给我的帮助已经够多了。"

话还没说完，就被本生教授打断了："我终于看出哪里不对劲儿了，原来这里缺了一盏瓦斯灯，说定了，这个用我的啊！"

门捷列夫看着这位热情的教授，心里暖暖的。

实验室建成了，实验设备也齐全了，门捷列夫将十二分的热情投入实验研究中。

测定化合物分子内聚力的大小，该从哪里入手呢？这是首先要确定的问题。

门捷列夫找来了大量的资料，进行了多次的观察实验，最后他发现，液体密度与毛细管中液体上升的高度的乘积，可以作为测量内聚力大小的尺度。

于是，他巧妙地从液体的毛细管现象入手，开始了自己的研究。毛细管中的液体水平面之所以上升，是由于在液体分子之间以及液体分子与管壁分子之间有内聚力的缘故；这种互相吸引的内聚力，能使毛细管液柱上升到一定高度。

实验中，门捷列夫将插有毛细管的液体进行加热，毛细管液柱明显地下降了。门捷列夫由此得出结论：分子内聚力是可以通过加热逐渐减弱，直至完全消失的。当内聚力等于零时，液体就要成为没有内聚力的形态——气体，即变为蒸气。

他的这个发现引起了科学界的欢呼。当时，人们认为，只要增压就能够使气体液化。但是对于氧气、氮气、氢气等，无论怎样增加压力，甚至采用超高压，都无济于事，只好称它们为"永久性气体"。

门捷列夫解决了这个难题，他指出："任何液体在某个温度下都能变成蒸气，而且不管压力增高还是降低，气体仍然还是气体。这个温度也就叫作绝对沸点温度。"

不久，门捷列夫写成了两篇新的论文：《论液体的膨胀》和《论同种液体的绝对沸点温度》。他进一步指出："当气体的温度高于绝对沸点温度时，无论施加多大的压力，都不能够变成液体。氧、氮、氢这些气体之所以不能液化，想必是由于实验是在超过绝对沸点的温度下进行的缘故。把将要液化的气体进一步加以冷却，就有希望使之液化。"

这一学说问世后，化学界和化工界纷纷进行尝试，结果发现，所有气体都可以液化。后来，气体液化和由液体分离出气体被广泛应用于工业部门。

现在，在剧场看演出时看到的"烟雾"就是释放的"干冰"——固体的二氧化碳；而在医院中进行外科的"冷冻疗法"就是使用的液氮。

这两种物质都是在超低温状态下获得的。对这个技术的应用，门捷列夫有着突出的贡献。

本生教授特地跑到门捷列夫的小实验室向他表示真心的祝贺："杰出的青年人，听说你的实验完成了液化理论的一项重大突破，恭喜你！"

"教授，应该是我向您祝贺才对，听说您和基尔霍夫先生又发现了一种新的元素。"

"是啊，这是人类发现的第 59 种元素，我称它为'铷'，意思为'最深的红色'。对了，听说你还发明了一种容器，叫'比重瓶'。"

这一老一小两位伟大的化学家一见面就谈起了各自的研究成果，分享着彼此的喜悦。

最后，本生教授建议门捷列夫有时间去欧洲各国看看，去参观一下那里的化学工业。只有见识广博了，才能够为下一步的研究找准方向。

门捷列夫听取了本生教授的建议,在空闲的时候进行了一些愉快的旅行。他去了法国、瑞士、意大利等地,在这些地方,他通常会做两件事:一是注意添置他所需要的器材;二是实地了解当地的工业、历史、地理与风土人情。

1860 年,门捷列夫到意大利旅游。加里波第远征的故事,让他激动不已。

他问自己:"什么地方曾经有像加里波第那样的人?他一切都为了意大利,他解放了西西里。开进西西里时他只有 1000 多名士兵,到他迫使波旁从那不勒斯逃走时,他拥有了 6 万名战友。

"加里波第受到所有人的喜爱,他让大家为了共同的目标而抛弃个人的打算。他作为一名水手,一个没有官衔的天生的将军、执政者和演说家,意大利指望着他,普通老百姓把他当上帝一样祈祷,全世界都尊敬他和熟悉他。

"但是他既不追求名誉地位,也不接受金钱。在世界上哪里能找出这样的榜样呢?"

门捷列夫的这番话,表明了他对自身修养的严格要求。他的一生,堪称是为祖国、为科学奉献的一生,他也从不为金钱和功名所累。他以自己的实际行动证明了他就是和加里波第一样的人。

门捷列夫在海德堡与一群年轻的俄罗斯科学家一起工作和学习。

被巴赫的执着所折服

门捷列夫在海德堡度过的日子是非常快乐的。在这里,他可以充分施展自己的才华,实现自己的抱负。但是,作为一个坚定的爱国者,他并没有"乐不思蜀",而是时刻都在思念着自己的祖国。

他总会挤出时间,与远在祖国的亲朋好友们通信,并且尽可能地多订阅俄罗斯的报纸和杂志。一旦有几天得不到国内的消息,他便显得非常着急。

当时的俄罗斯还处在沙皇统治下,笼罩着沙皇宪兵制度下的压抑气氛,统治者禁止人们公开谈论俄罗斯的现状和命运。有些宣传革命思想的书统统被列为"禁书",谁要是胆敢阅读它们,一旦发现,就会被判服苦役。

那时,十二月革命党人正在秘密地宣传赫尔岑和奥卡列夫写的《来自俄罗斯的声音》。这篇文章热情洋溢,旗帜鲜明地揭露了贵族农奴制俄国和俄式庸俗心理的腐朽性。

然而,在国外,一切都是安全的。你可以毫无顾忌地大声地谈论俄罗斯,还可以大胆地读各类革命书籍。所以,俄罗斯的青年知识分子们都热烈地向往着走出国门。

于是,有着相同爱国热情的俄罗斯的科学家们,逐渐地走到了一起。他们之中有著名化学家别凯托夫、伊万诺维奇,颇有威望的生物学家谢切诺夫,成就卓著的医学家鲍特金,还有知名数学家帕夫努季·利沃维奇·切比雪夫等。他们都是俄国科学界的精英；他们都和门捷列夫一样深切地热爱着自己的祖国；他们都满怀着热情和希望，要把自己的祖国变得富强、自由和文明。

他们在一起不知多少次热烈地讨论过解放俄国农民，消灭农奴制的问题。由于大家都年轻气盛，常常争得面红耳赤。正是这种争执，使得他们之间的友谊越来越深厚。

这群热爱生活、热爱自己的事业、格调高雅的年轻人经常在海德堡大学的副教授霍夫曼家里聚会。他们的话题由祖国的命运，逐渐拓展到科学、实验、艺术、人生等。

不知不觉中，他们逐渐形成了一个圈子，并将之命名为"俄罗斯科学移民村"。

虽然在这群年轻人当中，门捷列夫的年龄比许多人都小，但大家都一致地认为他已经是一个成熟的化学家。所以，门捷列夫逐渐被公认为这个小圈子的领袖人物。

这个周末，大家又不约而同地来到了霍夫曼家。

霍夫曼是一位学识渊博的人，而且平易近人。他在俄罗斯待过一段时间，非常喜欢那里的风土人情，并且娶了一位美丽贤德的俄罗斯女子彼得罗夫娜做太太。

彼得罗夫娜聪明活泼、热情好客，她总是善于营造一种无拘无束、轻松愉快的氛围。除了热情好客的主人外，吸引大家来这里的另一个重要原因是，霍夫曼家里的陈设都是俄式的。所以，身在异乡的俄罗斯青年们来到了这里，都有一种回到家里的感觉。

聚会的主题是音乐欣赏，主角是亚历山大·波尔菲里耶维奇·鲍罗廷。鲍罗廷于1833年11月11日出生在俄罗斯的圣彼得堡。他是高加索的乔治亚亲王盖地诺夫和一位军医夫人的私

生子,自幼受到了良好的教育。

鲍罗廷天资聪颖,精通几国语言,并很快在科学与音乐方面显露出超人的天才。他9岁时开始受到音乐的启蒙教育,学习演奏长笛和大提琴。在14岁时,就已经能够独立作曲,并发表了一首长笛协奏曲和一首弦乐三重奏。

1850年,鲍罗廷进入圣彼得堡医药学院学习化学。1855年,他毕业后被留在学校担任教员。3年后,25岁的鲍罗廷便获得了化学博士学位。

鲍罗廷是齐宁教授的得意门生,他比门捷列夫晚半年来到海德堡,是海德堡大学一名学习化学的见习生。

门捷列夫非常欣赏鲍罗廷的聪明好学和多才多艺,鲍罗廷也非常崇敬门捷列夫的科研才华和品格修养。两个人很快就成为形影不离的好朋友。

只见鲍罗廷从容地坐到钢琴前,表情不时地流露出年轻人特有的激情。他用微笑的眼神扫视着朋友们,随后,流畅优美、宁静悠扬的旋律从他的指间缓缓流出,回荡在霍夫曼公寓的夜空。

门捷列夫完全陶醉在这出神入化的美妙的钢琴曲中,他仿佛看见了一望无际的大草原,马队和驼队正伴着驼铃声,从草原上走过。蔚蓝的天空仿佛与碧绿的草原连在了一起。门捷列夫不禁想起了曾经为全家操劳一生,最终离世的母亲,想起了曾经对自己谆谆教诲的老师。

鲍罗廷的曲子弹完了,很久,这帮年轻人才从思乡的情怀中苏醒过来,大家报以热烈的掌声。

门捷列夫问道:"这首曲子我怎么没听过,是谁的?叫什么名字?"

鲍罗廷笑了笑,谦虚地说:"这曲叫《在中亚细亚草原上》,是我的近作。"

化学家凯托夫接道:"曲子好是好,却勾起了思乡之情,太伤感了,换一首吧!"

"好!"鲍罗廷答应了,又坐到了钢琴前。这次,他弹了一段巴赫的管风琴曲。

弹完后,鲍罗廷介绍道:"巴赫是18世纪伟大的作曲家。他就像一颗启明星,照亮了整个音乐的天堂。他的一生都在进行一项运动,那就是把乐器推到一个前所未有的高度。

"他不满足于让乐器总是处于伴歌伴舞的从属地位,为了形成一种新的风格并充分展示其高超的技巧,巴赫常在乐器上做各种即兴的变化和拓展,以简单的旋律,奇迹般地再现瞬息万变、令人眼花缭乱的画面。

"音乐家们为此赞叹不已,认为巴赫用一个简单的主题呼唤出了整个世界,而巴赫则说:'我要用少量的话讲出大量的东西!'"

门捷列夫听得入了神,他低声重复道:"用一个简单的主题,呼唤出了整个世界!用一个简单的主题呼唤出了整个世界!"

既然音乐可以通过乐式的改变达到这种效果,那科学为什么不行呢?它们两者是相通的啊!

又一段优美的旋律从鲍罗廷的指间飞出来,还是巴赫的曲子。它让门捷列夫从遐想中回到了现实的音乐声中。

一曲终了,鲍罗廷接着说道:"天才往往得不到别人的理解。正确、先进的东西在它一出世的时候往往遭到诬蔑和中伤。

"在1760年的一份起诉书中,有这样的指控:他们指控巴赫,

门捷列夫传

他最近在众赞曲里作了许多旁门左道的变奏,掺入了许多奇怪的乐调,使在场者深感亵渎了神灵而无地自容。

"如果他今后仍想掺入变奏,则理应将此段变奏弹毕,而不应迅即转入其他音调,也不得如他至今所常做的那样,陡然作剧烈的转变。"

大家都听得非常起劲,有人问道:"那后来怎么样了?"

鲍罗廷继续往下讲:"巴赫把头上弯曲的假发扯掉,哈哈大笑起来。他刚刚写好一首曲子,于是就把这首曲子命名为《傻母鸡咯咯叫随想曲》。"

门捷列夫的心思早已经不在音乐上了,他思想的飞絮开始飘扬起来。他在想:鲍罗廷到底是个音乐家呢,还是个化学家?他对音乐的理解竟是如此的深刻。

这次聚会之后,门捷列夫和鲍罗廷的交往进一步加深了。他不时地与鲍罗廷一起到附近的城市去欣赏音乐会和歌剧。

音乐陶冶了门捷列夫的情操,也沉淀了他的心灵,让他在繁忙的科学实验之余,能够得到休息。同时,鲍罗廷关于巴赫音乐的介绍,更加坚定了他寻找化学世界主旋律的决心。

门捷列夫坚信,总有一天,化学也可以"用一个简单的主题,呼唤出整个世界"。

参加化学家国际会议

一转眼,门捷列夫在海德堡已经待了一年多了,在这段时间里,他已经得到了这里各位前辈的认可,大家一致认为门捷列夫不是来学习的,他们眼中的门捷列夫是一位真正的取得了很大成就的科学家。

就在金秋到来的时候,一个好消息也随之而来。

鲍罗廷兴冲冲地来到了门捷列夫的实验室,对他说:"米嘉,告诉你一个天大的喜讯。"

门捷列夫正忙着他的实验,随口应道:"哦,是吗?什么好消息啊?"

鲍罗廷没有在意他反应的平淡,依然兴致勃勃地说道:"在卡尔斯鲁厄市将举行第一次化学家国际会议!"

听到这个消息,门捷列夫不敢相信地"啊"了一声,反问道:"这是真的吗?"

"当然是真的了,我已经接到了邀请函。"说完,鲍罗廷从口袋里拿出一个红色的信封递给了门捷列夫,说道,"这个是你的。整个俄罗斯一共有7位,除了咱们两个,还有齐宁教授、莱辛斯基、纳坦松、萨维茨基和希施科夫。"

门捷列夫接过那个信封,拆开一看,真的是参加第一次化学家国际会议的邀请函。他激动得手有点颤抖,说:"这个时刻真的让人太兴奋了!"

"看看,大会的任务是:用讨论的方法消除某些误解,并促使各种意见趋于统一。终于能够建立一个统一的化学世界了。"

两个人激动地欢呼了起来。

对于今天学习化学的人来说,是很难理解卡尔斯鲁厄会议历史背景的,也很难理解1830—1870年,化学界在原子和分子的真实性、相对原子量、分子的组成、当量的概念中存在的一些混乱观点。

当量的概念是 1791 年由里希特提出的。此后,道尔顿建立了原子学说,他明确地指出:"化合物都有确定的组成,在化学反应中,反应物之间存在着定量关系。"

1802 年,法国化学家费歇尔将当时的一些数据整理出来,并且加以统一,得到了一个比较普遍的化学反应中的当量关系。

1803 年,道尔顿发表了原子学说,并指出每一种元素以其原子的质量为其最基本的特征。从此以后,包括道尔顿在内的一大批化学家纷纷从事原子量的测定。

1808 年,法国化学家盖·吕萨克根据实验结果提出气体化合体积定律,"各种气体在彼此起化学反应时,常以简单的体积比相化合。"

结合原子学说来考虑,他认为如果化学反应前后原子数不变,那么不同的气体在同样的体积中所含的原子数应该是相同的。例如,一体积氮气与一体积氧气化合后,生成两体积的一氧化氮,则一氧化氮原子中就只含有半个氧原子和半个氮原子。

上述说法与原子学说中的一个重要观点——原子是不可分割的相互矛盾。因此盖·吕萨克定律遭到了道尔顿的反对。

阿伏伽德罗以盖·吕萨克的实验为基础,进行了合理的推论,引入了分子概念。他认为原子是参加化学反应时的最小质点;而分子则是物质处于单质或化合物状态时,能独立存在的最小质点,分子是由原子组成的。

阿伏伽德罗还提出:"在同温同压下,相同体积的气体含有相同数目的分子。"

贝采里乌斯应用盖·吕萨克定律,确定了水的分子式是

H_2O，并测定了氧的原子量。但是他拒绝接受阿伏伽德罗理论，因为这个理论认为氢、氧、氮等单质气体分子由两个原子组成，这一说法是与贝采里乌斯所提出的为当时化学界公认的二元论电化学说相抵触的。

根据电化学说，同一元素的原子必然带相同的电性，彼此是互相排斥的，因此，两个相同的原子不可能形成一个分子。这样，阿伏伽德罗提出的分子概念仍然长期得不到化学界的认可。

至于当时许多化学家所测定出来的原子量，更是五花八门，众说纷纭。

首先，他们所采用的原子量基准是不统一的，有的以氢的原子量等于 1 为基准，有的则以氧的原子量等于 100 为基准。

其次，由于对化合物组成的确定存在着各种错误观点，所以同样是碳，有的人测定的原子量是 6，有的人则测为 12。有的人将氧的原子量测成 8，有的人测得氧的原子量则为 16。

这样混乱的数据使相当一部分化学家对于原子量有没有用都持怀疑的态度。

当时，在化学式的写法上也相当混乱，例如 H_2O 既可以代表水，又能代表过氧化氢。CH_4 既可代表甲烷，也能代表乙烯。而醋酸这一种化合物的化学式竟然有 19 种不同的写法。

学术上的混乱情况，严重地影响了化学的发展，各国化学家都迫切希望改变这种局面，这也是召开卡尔斯鲁厄国际化学会议的历史原因。

1859 年，德国化学家凯库勒、维尔蔡因，法国化学家武慈等人认为，有必要就分子、原子、当量以及化学符号等基本问题形成统一的规则。只有使一切得到统一，化学的交流才能够成为现实，

化学的发展才能够成为可能。于是,他们便提议,发起一次世界性的化学家聚会。

1860年5月,凯库勒、维尔蔡因、武慈在巴黎制订了大会的计划,并用英语、德语和法语发布了公告,不久便得到化学界的回应,最终确定了20余位当时世界知名的化学家为会议召集人,同时确定了会期。

卡尔斯鲁厄会议,定于1860年9月3日至9月6日在德国工业城市卡尔斯鲁厄的博物馆大厅召开。门捷列夫和鲍罗廷在会议前一天到达了这里。他们到达的时候,参会的人员已经基本到齐了。这140多名来自世界各地的著名化学家济济一堂,把卡尔斯鲁厄这个小城变得科学气氛很浓。

门捷列夫在这里遇见了俄罗斯的化学泰斗齐宁教授。

齐宁看着这个年轻的小伙子,欣慰地点点头,说道:"俄罗斯的化学界后继有人了。"

这句话是一种肯定,也是一种压力,门捷列夫觉得自己肩上的担子更重了。

齐宁接着说:"这次会议,是咱们化学界的第一次国际性的会议,肯定会有很多的争执和分歧。但是你不要有什么负担和疑虑,你尽管用心地聆听,这里面的学问多着呢!"

9月3日,会议召开。首日议程包括:确定分子、原子、复杂原子、化学反应当量等概念;化合物原子中基的概念;当量与分子、原子概念间的关系;等等。

9月4日,会议上,凯库勒介绍了物理分子和化学分子的概念,并且阐述了原子与分子之间的区别,得到普遍认同。

会议还介绍了分子量的测定方法,并且提出了气体分子与化学分子等价的假设。

9月5日，会议讨论了统一化学命名法的必要性，并达成一致意见，且就化学命名法的一些具体问题进行了讨论。争论贯穿了大会的整个议程。会议一开始，整个会场就炸开了锅。大家的观点分歧很大，谁都无法说服别人，一个个争论不休。不仅无法统一基本概念的表达，更重要的是对一些基本观点莫衷一是。

以原子量为例，欧德林认为每种元素只有一种原子量，杜马却觉得不是这样，他认为，有机化学和无机化学是两个截然不同的学科，应该各自有自己的原子量。

讨论当量问题时，更是不可能找到一个完全确定的概念：一些人认为，当量就是物体的数量，可以互相置换，而物体的主要性质不变；还有一些人认为，当量就是发生化学反应的物体之间的质量关系；另外一些人则认为，根本不可能给出当量的确定概念，因为它肯定会引起分歧。

关于分子问题，意见分歧就更大了：一些人只承认分子的化学特征，即化学反应；还有一些人只承认物理特征；另外一些人认为，应该把物理特征和化学特征结合起来。

门捷列夫坐在那里认真地听着，贪婪地吸取着精华，这样的争论让他大开眼界，知识的海洋真的太浩瀚了。

就在整个会议议程即将结束的时候，一个名叫康尼查罗的意大利青年化学家以非常自信的口吻断言：人们至今争论不休的原子量、原子价等问题，其实50年前意大利化学家阿伏伽德罗就已经解决了，答案就是他的分子学说。

专家们不禁面面相觑：阿伏伽德罗？分子学说？50年前阿伏伽德罗就已经解决了？简直是无稽之谈。

大家纷纷摇头，接着各自的话题讨论着，没有人再去理会这个年轻人。

此时会议已经接近尾声，门捷列夫好奇地注视着康尼查罗，只见他急得团团转。最后在桌子上飞快地写了些什么，然后冲了出去。

鲍罗廷悄悄地说："那个康尼查罗勇气可嘉啊！在这个都是名家的会议上，他一个名不见经传的人竟然敢说出那么另类的观点。"

"是啊，其实，我挺想听他的论据的，我觉得年龄、声望不应该成为大家拒绝他的理由。"

"可是他已经走了，你要是想听，回头和大会的倡导人要一下他的通信地址吧！"

"我看未必，我觉得他的离开不是因为没人搭理他，我觉得他应该有下一步的行动。"

门捷列夫和鲍罗廷正在小声议论的时候，大会结束了。各位专家起身，准备离开。就在这时，康尼查罗抱着一大摞小册子跑了进来。他满头大汗，把手中的册子一本一本地分发给众人。

门捷列夫他们也得到了这本册子，只见书名为《化学哲理课大纲》。康尼查罗恳切地说："希望老师能够回去阅读一下，这次的时间太过于紧迫，我的观点来不及细说，但是我已经把它写进这册子里了，我希望您能够抽出时间看一看。"

门捷列夫点点头，承诺道："我会用心地阅读的，希望你的观点是正确的。"

康尼查罗感激地看了他一眼，这也许是这次大会中最尊重自己的人了。

门捷列夫和鲍罗廷在回海德堡的路上,一边走一边交流着在这次会议上的心得。

鲍罗廷评价说:"这次的会议是化学界的专家们在'同唱一首歌',但各自的音调却高低不同。"

门捷列夫听了这个比喻笑了,说:"这是第一次,万事开头难,你总要给它一个过程啊!而且在整个讨论过程中意见相左的两派之间根本没有敌意,也没说过带有敌意的话,这种团结一致是未来一切新成就的良好开端嘛!"

鲍罗廷也笑了:"其实,这次的会议开得挺成功的,它统一了化学元素的命名。还对原子、分子、化合价和原子量等许多化学概念进行了讨论,取得了比较一致的意见。"

门捷列夫兴奋地说道:"我们还结识了不少著名的化学界人士,听到了许多精彩的学术报告,从而大大开阔了自己的视野呢!"

两个人相视一笑,表示对这次的会议都非常满意。作为一个年轻的化学家,参加这次会议使门捷列夫受益匪浅。他看到了当时化学界缺少统一理论指导的现状,暗下决心今后在这方面进行探索。就这样,他带着满满的收获和勃勃的雄心回到了海德堡。

回到海德堡后,门捷列夫抽空拿出康尼查罗的小册子,认真地阅读了起来。他发现,分子学说确实论据充分,条理清楚,方法严谨,为确定原子量提出了一条非常合理并令人信服的途径。

门捷列夫想到鲍罗廷一再提到的巴赫,康尼查罗的执拗会不会像巴赫的天才,久久得不到别人的理解,甚至被认为是冥顽不灵?如果这件事换成是我,我会怎么做?我会不会像他一样为

追求真理锲而不舍呢?

　　时间是验证真理的法宝,不久,各国的化学家一致认同了康尼查罗的观点。一颗被泥沙掩盖了50年的金子,终于被康尼查罗慧眼识中并奉献给了科学。

　　德国化学家罗塔·迈尔这样表述其感受:"真像是清除了眼中的尘埃,顿时感觉心明眼亮。"

　　由于康尼查罗的发现,第一次化学家国际会议最终确定了"原子""分子""当量""原子价"等概念,并确定了分子量的标准,以双原子氧气分子的氧原子质量的 1/16 为单位原子量。这次会议制定的原子量标准一直沿用至 1959 年。

　　卡尔斯鲁厄会议之后,世界性的化学科学共同体开始形成,笼罩在化学界上空的一片混乱和模糊的阴云开始逐渐消散,近代原子、分子的统一理论得以确立。

　　"鲍罗廷,弹一首吧,庆祝锲而不舍的康尼查罗的胜利!"门捷列夫高声喊道。

　　一首贝多芬的《命运交响曲》激昂地响起,它点燃了门捷列夫心中寻找"用少量的话,讲出大量的东西"的理论的火花。他决心沿着开拓者的足迹,找出贯穿于物质世界统一性的东西。

第三章

学成回国

把荣誉让给别人

自从门捷列夫在卡尔斯鲁厄市参加完化学国际会议后,他的工作激情就变得更加强烈了。他珍惜在海德堡的每一分每一秒,梦想着在这里创造出更多的化学研究成果。

他一再向圣彼得堡学区的督学提出,希望能够延长他在国外学习的期限,以便科研取得进一步的进展,但是,最终他的提议均未获得批准。

1861年2月,门捷列夫不得不收拾行李,怀着一颗复杂的心,动身返回了俄罗斯。

在回国的前几天,门捷列夫的小实验室里总是挤满了前来和他道别的人。这些人中既有海德堡的教授们,又有俄罗斯的同胞们,还有一些敬佩他才能的工业界的朋友。大家都对门捷列夫的离开十分不舍,这种离别的伤感在实验室里蔓延着,让人挥之不去。

后来,一个工业界的朋友干脆对门捷列夫提出了留下来的请求:"我亲爱的朋友,别走了,就留在这里吧,海德堡需要你!这里有你辛苦建成的实验室,有你的良师益友。在这里,你能够更好地施展才华,完成你的梦想。至于生计问题,海德堡是一个遍地都是黄金的城市,只要你有本事,你就能够生存下去。"

"谢谢你的好意,我确实对这里有太多的不舍,但是这里毕竟不是我的祖国。海德堡需要我,俄罗斯更需要我!"

"可是回去又有什么好处呢? 俄罗斯的经济并不比这里发

达,实验条件也不如这里好。你是个科学家,不是政治家! 科学家的生命是科研,哪里有好的科学条件就应该扎根在哪里啊!"

"我是个科学家,但是我首先是俄罗斯人。我身体里流淌的是俄罗斯的鲜血,这是永远改变不了的事实。我出国学习的目的就是为了能够把我的祖国建设得更加强大。"

"可是科学是没有国界的,你为什么非要放弃好的环境呢?"

"一个国家不富强,它的科学就不会发达。同样,一个国家的科学不发达,这个国家就不会富强。我是一个俄罗斯的科学家,俄罗斯对于我比科学家要重要。"

那个朋友无话可说了,他只有深深地祝福:"希望你回国后,能够为你的祖国做出巨大的贡献。"

在朋友们的祝福声中,门捷列夫带着他那些简陋的仪器和装着实验用的混合液的玻璃瓶,回到了阔别两年的俄罗斯,回到了久违的圣彼得堡。

如果说离开海德堡的时候,他还有着些许伤感,那么当他回到圣彼得堡这座古老的城市,他剩下的就只有内心的无比激动了。

"我回来了,圣彼得堡! 我回来了,俄罗斯!"门捷列夫登上高高的城楼,大声地呼喊着。

无论祖国是怎样的一种国度,对于他的子民都有着母爱般的吸引。回到了久违的祖国的怀抱,门捷列夫的心情是极为复杂的,他不晓得阔别两年的祖国是怎样一种现状,也不知道祖国未来的命运能否因其个人的努力而加以改变,哪怕只在化学领域。是的,在祖国,在这里,曾经充满了他的辛酸,充满了他的自豪,更充满了他满腔的爱恋。

门捷列夫在心底暗暗发誓:"我一定要把我所学的,全部奉献在这片热土上。"

门捷列夫是2月份回来的,而他要在新学期开始的时候才能够找到教职,所以他就利用这段空闲时间了解了一下俄罗斯的现状。

细心的门捷列夫经过考察发现,当时的俄罗斯还没有一本能够由浅入深、条理分明地阐述世界最新化学理论成就的教科书。受到卡尔斯鲁厄会议的启发,门捷列夫决定以"统一的"化学观点来编写一部用自己本民族语言文字写的最新的实用化学教材。

门捷列夫坐在桌前,思考着:"俄罗斯的化学整体水平都很落后,那么我到底应该以什么为书的主题呢?"

门捷列夫正在思索着,忽然他的脑海中闪过海德堡大学的化学前辈韦勒教授的面庞,这位化学前辈说过这样一段话:"恰恰是有机化学使人头晕目眩。它给我的印象是一片茂密的黑森林,里面充满了引人入胜的宝藏,以及奇异的草丛、树林,只要一不小心走了进去,就无法走出来。"

多么有趣的比喻啊!有机化学是黑森林,到底是黑森林太诱人,让人流连忘返而无法脱身走出来呢?还是那里的道路太崎岖,让人无法辨别方向而走不出来呢?

门捷列夫想了想,最后决定勇敢地去闯一闯那片黑森林。于是,他找出了自己在去德国之前,在大学中讲授的所有有关有机化学的笔记和提纲,开始奋笔疾书。

两个月后,俄罗斯第一本用俄文写成的有机化学教科书《有机化学》终于出版面世了。在这之前,俄国大学生上课所用的教材一直是德国出版的有机化学教材。

这本书厚达 400 页，它不仅详细地阐明了化学上的一些最新成就，而且还吸收了阿伏伽德罗分子学说的精华，从本质上分析了化学反应的过程。它既深入浅出，又有条不紊。

这本书有两个特色：一是确定了说明有机化学所积累的广泛资料的新原则，"自然化学系统的基础，应该是它们在化学性质方面的相互联系，而不是一种或是两种物理属性。"这个指导思想使门捷列夫后来在发现化学周期律的工作中高人一筹。二是与当时大多数有机化学教科书不同，它公开反对流行的"活力论"观点。

门捷列夫写道："每一种生命现象都不是由于什么特殊力量或是什么特殊原因造成的，而是根据大自然的一般规律形成的。"

无论是在比较系统的理论叙述中，还是在研究各种物质的化学反应时，这本书都非常注意带本质的东西。比如，在论证元素原子量的变化时，特别强调了元素的极其重要的化合价属性。

1861 年，门捷列夫回到俄罗斯。

所以，这本著作出版后受到各方面的广泛赞扬。

著名化学家齐宁看了这本书后赞不绝口：

看看吧，门捷列夫干得多么出色！经他如此指点迷津后，有机化学的"黑森林"更加引人入胜了。就我看来，门捷列夫完全有资格获得俄罗斯科学院的科学奖金。

由于齐宁的极力推荐，俄罗斯科

学院不久就做出了一个重要的决定,授予门捷列夫全额"季米多夫"奖金。

1862 年,俄罗斯科学院授予门捷列夫"季米多夫"奖章。

编写教科书本身也是一种探索和研究。门捷列夫在《有机化学》一书中,还提出了一个饶有趣味的同分异构问题。同分异构是指化合物由相同的原子组成,但具有不同结构和性质的现象。

最早发现的同分异构体是异氰酸银($AgNCO$)和雷酸银($AgONC$)。它们的分子组成相同,都是一个银原子、一个氮原子、一个碳原子和一个氧原子,但前者性质较为稳定,后者却极易爆炸。

门捷列夫还没有研究出这个问题的原因,他凭直觉认为,同分异构现象应该是个值得重视的问题,于是他便把它写进了自己的著作,以引起化学家们的重视。

果然,就在《有机化学》出版的当年,俄国化学家阿列克萨得尔·米哈伊洛维奇·布特列洛夫揭开了这个谜。

布特列洛夫于1849年毕业于喀山大学,因为成绩优秀并有独立的研究能力,所以被留在喀山大学任教。1854年,他获得了莫斯科大学博士学位后,就回到喀山大学担任教授。

当时齐宁教授也在喀山大学任教,布特列洛夫受益很深。后来,由他主持和领导喀山大学的全部化学教学活动。

布特列洛夫首先发现了制备二碘甲烷的新方法,并制备了许多二碘甲烷和二碘甲烷的衍生物,首次合成了六次甲基四氨和甲醛的聚合物。他还发现,这些聚合物经石灰水处理后会转变成糖类物质。

这些新的研究成果,受到欧洲各国化学家的注目和称赞。他们一致认为,布特列洛夫的工作是化学上开创性的工作,特别是糖类物质的合成,被认为是人类历史上的第一次。

1861年,布特列洛夫首次提出了化学结构理论的基本思想。这年的9月份,在德国的施别依市举行了一次科学家和医生代表大会。会上,布特列洛夫宣读了他的著名论文:《论物质的化学结构》。在论文中,他系统地阐明了化学结构理论的基本原理。

布特列洛夫指出:物质的性质不仅仅依靠于它是由何种原子构成的,而且还依靠于原子在分子中的分布状况,依靠于原子之间的关系。各种同分异构物彼此不同,是由于原子分布状况所形成的。

这一学说强调了物质分子的结构形式对物质性质的意义,从而成为有机化学发展的一个重要基础。

此时的门捷列夫作为从国外归来的学者和《有机化学》的作者,备受化学界的青睐。他当时受聘于圣彼得堡大学、土官学校、工科学校和交通大学,教授化学课程,并担任了圣彼得堡大学有机化学教研室主任。

门捷列夫的成绩是有目共睹的,但是,当布特列洛夫揭开了同分异构这个谜团后,门捷列夫主动给圣彼得堡大学校务委员会写信,要求把自己所担任教职中地位最高的该校有机化学教研室主任一职(这一职务是学术地位和荣誉的象征与标志)让给布特列洛夫。

他在信中写道:

> 布特列洛夫是俄罗斯最杰出的科学家之一。他的学校教育和著作的特点都是俄罗斯式的。他是我国最著名的院士齐宁的学生,他不是在外国成为化学家,而是在我国的喀山成为化学家的。他以自己的独创性创立了化学中的布特列洛夫学派。我认为有机化学教研室主任一职应该由布特列洛夫担任,这样做并不是因为我虚怀若谷,而是我们应该把机会让给崭露头角的杰出青年。

门捷列夫的这个举动得到了科学界的广泛赞扬,人们认为他具有真正科学家的品德和风度。

门捷列夫此时给自己提出了一个更高的要求:你一定要站在科学研究的最前沿,把别人的成功作为你前进的动力,你千万不能在原地徘徊、满足,只有不断地突破,才能够不断地进步。

首次走进婚姻殿堂

正当门捷列夫在化学的道路上越走越宽的时候,门捷列夫的家人为他召开了一次家庭会议,会议的主题就是这个最年幼的弟弟的终身大事。

大家一致认为,门捷列夫今年已经 28 岁了,他总是为自己的科研忙碌着,对自己的生活毫不关心,婚姻的问题理所当然应该由大家帮他撮合而成。

大家开始行动了。门捷列夫的姐姐奥丽佳·依凡诺芙娜·巴萨尔金娜邀请他到自己家里做客,并介绍了一个名叫费奥兹娃·尼基吉奇娜·列谢娃的女孩子给他认识。

列谢娃当天表现得文静贤淑,给门捷列夫留下了很深的印象。当得知这个女孩就是姐姐为他找的终身伴侣时,门捷列夫默许了。

在这个科学家的心目中,对自己未来妻子的要求很低。当年自己的母亲能做到的事情,自己的妻子也应该做到,并且能够支持自己的事业就行。

列谢娃也被这个年轻的科学家打动了,为了加深对门捷列夫的了解,她偷偷地去了门捷列夫任教的学校。

列谢娃到学校的时候,正好赶上门捷列夫的化学课快要开始了。只见许多大学生涌进门捷列夫讲课的第七教室听课,他们就像涌进戏院去听外来名人的演说一样激动、兴奋。

听课者中,有法律系的、历史系的、医学系的,也有从别的学校来的。有人在上课之前就占好座位,有人就站在过道里,或成群地挤在门口和讲台旁边。一个大学讲师很少能这么受人欢迎。

随着一阵轻轻的脚步声,只见一个拥有碧蓝色的眼珠、长而直的鼻子、宽而广的前额,身材魁伟,略微驼背,留着长卷发和长胡须,面带睿智的人走了进来。这个人就是门捷列夫,他穿着自己设计的似乎有点古怪的衣服,上衣的口袋特别大,据说那是便于放下厚厚的笔记本。他一想起什么,总是习惯性地立即从衣袋里掏出笔记本,把它随手记下。

就是这样一个丝毫不起眼的人的到来,引起了雷鸣般的欢呼声和掌声。全体同学都欣喜若狂,尽情表达自己的崇敬与热爱。

列谢娃被这阵势惊呆了:"这是欢迎一个教授的场面吗? 这简直就是欢迎一个国家的元首!"

她正想着,忽然觉得四周静悄悄的,没有了声音。她抬头一看,原来门捷列夫已经登上讲台准备讲课了。

随着门捷列夫那低沉有力而又充满热情的声音在耳边响起,同学们被他带到了一个神奇的知识世界。一会儿是化学,一会儿是力学,一会儿是物理学,一会儿又变成了天文学、天体物理学、宇宙起源论、地质学、动植物的生理学、农业学等,甚至还有航空学和炮兵学。

"天啊,这是讲化学吗? 这简直就是百科全书啊!"列谢娃被门捷列夫的博学深深地打动了。

看着同学们那如痴如醉的表情,列谢娃悄悄地离开了学校。

"这个米嘉不仅像介绍的那样是一位伟大的科学家,同时他还是一位伟大的教育家。他令人神往地影响了所有的人,并激发了所有接触过他的人的智慧之光。认识他,是我多么大的荣

幸啊！"

正像列谢娃看到的一样，门捷列夫作为一名教师，他富有教学的天才。有一位听过门捷列夫讲课的学生回忆说："我1867—1869年是工学院的学生，门捷列夫是我们的教授，我在听他的课之前，跟别的教授学过化学，感觉很难接受许多需要死记的事实，可是在门捷列夫那里，我开始认识到化学是一门丰富生动的学科。他最动人之处是能使学生的思想跟着他的思想进行思考，学生们都为能认识必然达到的科学结论而感到兴奋、愉快。"这段话就是门捷列夫的学生对门捷列夫最好的评价。

就在门捷列夫和列谢娃交往的时候，沙皇政府由于畏惧人民中的不满情绪，发布了这样一个命令："一旦群众聚集，即刻射击、打、刺。"

门捷列夫对此十分愤慨，他对列谢娃说："沙皇政府打算破坏学生的集会。天啊，这一天将载入史册，或许沙皇的暴力得胜，占了上风，那么就让我们为这天哭泣吧！或许青春、活力、坦率的学生们能够取得胜利，那么就让我们为这天欢呼吧！"

转而，他又像是自言自语地说道："我该为这一天做些什么呢？"

列谢娃看着门捷列夫，她不知道这个满脑子科学的人的心里，竟然还装着这些"可怕"的思想，她有些不知所措。

门捷列夫没有注意列谢娃的反应，继续激动地说："那个极其可恶卑鄙的自由派代表人物卡维林教授，恶毒地诽谤进步力量。他竟然说：'难道这叫进步和自由吗？我的天！像这样的进步只配吃子弹和上绞架。'这个卡维林简直就是圣彼得堡大学的耻辱！"

列谢娃看着门捷列夫因为激动而涨得通红的脸，怯怯地劝道："你别再说这些倾向革命的话了,警察会随时拘捕你的。"

"让他们来抓吧!"门捷列夫毫无畏惧地说道。

"那样你的前途就毁了,不要干那么愚蠢的事情!"列谢娃的情绪也开始有些失控。

"愚蠢?什么叫愚蠢?为了正义就叫愚蠢吗?'你的前途就毁了,你的前途……'"门捷列夫像是拿定了主意,斩钉截铁地说,"对,我要辞职,我要以辞职来抗议,来表达我的愤怒!"

列谢娃觉得门捷列夫简直无法理喻,她开始了歇斯底里的爆发……

门捷列夫没有想到,这个被自己视为终身伴侣的女人,竟然会如此地不支持、不了解自己,他失望地去找自己的恩师伏斯克列森斯基教授。

经过伏斯克列森斯基的再三劝阻,门捷列夫这才打消了辞职的想法。他在那天的日记里写道:

> 万恶的时代,卑劣的时代——除了青年以外一切都萎靡不振,放射出青春的光芒吧!

门捷列夫和列谢娃这对年轻的恋人因为这件事情产生了一些隔阂。但是这件事情过后,门捷列夫反思了一下,认为列谢娃可能是从一个亲人的角度出发,担心他的安全。于是他原谅了列谢娃,继续和她交往。

一天,门捷列夫向列谢娃讲述了自己求学的艰辛历程。他不由得感慨道："教育系统应该进行一次改革,必须使整个系统连贯起来,以便使初等学校有才能的学生能够毫无阻碍地进入

高等学校。而高等院校应培养目前国家特别需要的有实践经验的人才。"

列谢娃对他的想法没有否认，也没有支持。

门捷列夫接着说："平民当中有才干的人最多，所以要给学生发助学金，使得平民家庭出身的孩子能在大学读书。"

列谢娃看了看门捷列夫，小声地嘀咕："天方夜谭！哪里有那么多的钱给平民家的孩子。"

门捷列夫好像没有听见列谢娃说的话，他的整个大脑都被自己"改革"的想法占据着："教育必须切合实际，应缩短拉丁文、希腊文和神学的教学时间，增加数学、自然科学、历史和地理的教学时间。"

他想了想又说："中学教育的主要任务在于发展学生的个性，养成他们对于周围事物的自觉态度，培养个人的特点，如观察力、注意力、商讨精神和对劳动的热爱等。"

"天啊，你看你在说些什么！你所说的话是那么地不现实，为什么要缩短拉丁文、希腊文和神学的教学时间呢？那是多么重要的课程啊！"

"可是它们没有任何的实用价值，却占据了太多宝贵的时间。"

"可那是沙皇的要求啊……"

门捷列夫在心中长叹了一声，为什么眼前的这个女人不能够明白自己在想什么？为什么交流起来是那么的困难呢？本来自己还有一个筹建专门招收最有才能的学生，以培养教育为目的的专门的教师学院的方案想说给她听，听取一下她的意见呢。现在看来，也没有多大的必要了！

经过几个月的交往,门捷列夫对列谢娃失望极了,他觉得他们两个就是两个世界的人,没有办法交融。门捷列夫非常苦恼,他不知道该怎样处理眼前的事。既然是在姐姐家认识的,就写封信给姐姐吧!

于是,门捷列夫把自己的苦衷全都告诉了姐姐。本以为姐姐会帮他想个两全其美的好办法,不料,姐姐的回信措辞十分激烈,信里写道:

> 你回忆一下伟大的歌德的话:"最大的罪过莫过于欺骗姑娘。"你和她订了婚,成了她的未婚夫,如果你又拒绝了她,那么她会处于何种境地呢?

门捷列夫收到姐姐的回信,思考了很久。他心里完全明白,这将是一桩不幸的婚事。但是姐姐的话又让他变得心软:"那么她会处于何种境地呢?"是啊,如果我退了婚,列谢娃是会被人嘲笑的,那时她该怎么办呢?

门捷列夫最后狠了狠心,决定为了列谢娃的名誉而舍弃自己的幸福。

1862年,门捷列夫和列谢娃举行了婚礼。婚礼上,门捷列夫没有新郎的欢乐,他甚至不敢设想今后的家庭生活。

婚后的生活和门捷列夫想象的没有什么两样,他从列谢娃那里得不到一个伴侣的情谊和支持。两个人就像是两条平行线,没有办法接轨。于是,门捷列夫干脆早出晚归,尽量避开列谢娃。

婚姻的不幸,使门捷列夫把自己所有的时间和热情都投入工作中,他甚至自我解嘲,是列谢娃使他的事业更上一层楼。

提出科学发展的蓝图

婚姻生活的不幸福并没有影响到门捷列夫的工作热情,相反,不幸的婚姻恰恰刺激了他的工作热情。为了摆脱感情的困扰,门捷列夫可以把更多的时间投入自己热爱的工作中。

在当时,俄罗斯的经济与西方国家比起来还是极为落后的。身为化学家的门捷列夫看到这种情况后,内心充满无限的焦虑。他想,自己作为一名化学家,假如不能用自己的才智和学识为祖国的发展作出贡献,真是枉费了所学的专业,也愧对生养自己的祖国和这个国度里的人民。

门捷列夫是多么希望自己的祖国能够摆脱长期的落后局面,尽快赶上和超过经济、技术、文化发达的国家。他是多么希望自己的国家能够早日强大起来啊!

他在给圣彼得堡大学校方的信中说道:

> 永远追赶别人和一直落在别人后面是不行的。当我们没有自己的科学中心,当我们没有发给实验室足够的经费以供实际研究,当我们不得不为此而出国时,那么国家不仅不能保证有足够数量的专家,而且不能形成独立的科学学派,也不会有可靠的、不断的、进步的科学运动。

门捷列夫不仅把自己的想法说了出来,而且也付诸行动。

首先,他根据自己幼年时代在母亲的玻璃厂的所见所闻,再结合自己现在的知识和阅历,写成了一本《论含硅化合物的结构》的著作。

在这部书中,门捷列夫详尽地描述了熔炼玻璃的过程。恰在这时,一名负责翻译德文版《工艺学手册》的圣彼得堡大学的工艺学的教授去世了。门捷列夫听到这个消息后就主动请战,接替了那名教授的工作。

在准备出版《工艺学手册》的过程中,门捷列夫认识了技术工艺学院的几位老师。他对工厂的实际事务产生了浓厚的兴趣。技术工艺学院的教授柯列依赫尔是他的熟人,并且这名教授自己也拥有一个工厂。

就在1862年的元旦前夕,门捷列夫去了他的工厂。在这里,门捷列夫摆脱了日常的工作和琐事,他从技术工艺和经济核算角度认真地观察了工厂的生产情况,并和工人师傅、厂长们见面、交谈,还结下了深厚的友谊。

在这段时间里,他常常对自己说:"写《有机化学》是我的分内之事,但现在我还想写技术工艺、无机化学,这样就可以说涵盖了化学的所有方面。那时不就可以结束化学研究了吗? 到时候,我也办一个工厂。"

这些想法经常在门捷列夫的脑海中出现,又经常被他驱赶到一边。因为这并不是他的首要任务,也不是他一直追求的理想。

门捷列夫还发现,他更喜欢接近人民。因为他觉得和人民群众在一起时,他说话变得更自在了,和他们在一起交流,那种心境是非常愉快的。

在柯列依赫尔工厂的那段日子,门捷列夫对人民的感情有了进一步的升华,他的爱国主义情怀更加浓厚了。

《工艺学手册》是一本内容相当丰富的工艺学手册。门捷列夫一边翻译,一边将自己所研究的俄罗斯工业经验中的许多资料写了进去,其中就包括在柯列依赫尔工厂的一些见闻和感受。

当这部书于1862年出版面世时,出版社对该书给予了很高的评价,而由门捷列夫倾注了心血的《农业产品加工》那几章,更被认为是本书的扛鼎之作。

由于门捷列夫在化学工艺方面表现出的非凡才能,他在圣彼得堡工艺大学轻而易举就取得了教授的头衔。但是,门捷列夫并没有因为这些成绩而沾沾自喜,他觉得这些荣誉是对他的一种鞭策。他应该更加努力,应该加倍地忘我工作。他顿觉祖国的强盛已是他义不容辞的责任。

《工艺学手册》的出版,使门捷列夫不仅在科学界名声大噪,而且在工业界也美名远扬。

在当时,国内资本主义工业的迅猛发展与自然科学在俄罗斯的崛起和1861年后的繁荣是息息相关的。19世纪下半叶,俄罗斯经济发展的一个最显著的表现就是采掘工业的迅速发展。国内丰富的自然资源开始被大规模地开采利用起来。

在这样关键的时刻,俄罗斯新一代的自然科学家,首先是化学家们不可能站在一边观望。具有强烈爱国情怀的门捷列夫,更不可能对正在发生的工业转折漠然视之。

有一天,石油大亨科罗列夫慕名来到圣彼得堡大学,他此次前来是特意邀请门捷列夫到巴库和苏拉罕现场指导工作的。

"我国关于石油方面的政策是:油田归国家所有,但以每期4年包租给私人。现在煤油的需要量越来越大,我认为这是一个商机,于是就承包了一片油田。"

科罗列夫停顿片刻,继续说道:"可是,到如今,已经一年多的时间过去了,我花费了大量的人力和物力,做了一切努力,但是损耗仍大于产量。我希望,您能够抽出时间,到我那里了解一下情况,帮我解决一下这个难题。"

"你说的问题正是我目前关注的,我可以去你那里看看,并帮你解决问题。我们国家的自然资源虽然非常丰富,但是很多都没有被开采。像盐矿、石灰石矿和硫铁矿等,它们都在地下,当我们需要用这些原料生产产品时,却需要大量进口,让别的国家白白赚了我们一笔。"门捷列夫有些激动,"我还目睹了一个让人非常痛心的现象:珍贵的木材被大量焚毁,目的只是获取生产肥皂所用的灰。有这种行为的人究竟有没有脑子啊?!"

科罗列夫附和道:"是啊!所以我请您去,就是为了防止这样的事情发生。"

在科罗列夫的盛情邀请下,门捷列夫来到巴库和苏拉罕。在那里,他从方方面面,认真地考察了近一个月的时间。

在当时,巴库的石油工业技术水平还是相当低的,他们几乎没有任何完备的技术手段,一切都带有原始的痕迹。石油是用非常落后的技术从油井中汲出来的,油井里的咸水往往比石油还多。

石油在油井里装进皮囊,然后用绳子拉上来,由人工扛到马背上,绑好后再由马拉走。接着,石油又被装在皮袋里放到阿尔巴土著人的一种两轮车上。为了能在沙地上前进,这种简陋的车轮子特别大,直径长达一米,靠这种破车运石油,其速度可以想象有多慢。

针对这种情况,门捷列夫建议科罗列夫修建一条通向工厂

的输油管,并铺设一条由工厂通向码头的输油管。此外,他还建议用专门的船只运送石油。

回到圣彼得堡后,他感慨万千,奋笔疾书,写出了一部关于发展俄国石油工业的著作,极力主张改革石油工业,坚决要求废除石油开采的包租制,并断言,如果继续这样下去,俄罗斯的石油工业将瘫痪。他还提出了制造油轮和巨大的输油管等建议。

当时俄罗斯政府的官僚作风严重,大家互相推诿,不做实事。门捷列夫的这一建议,直至10年后才被采纳。

门捷列夫不仅对工业非常关心,同时,对农业也给以广泛的关注。

1865年夏天,门捷列夫奉命作为圣彼得堡大学的代表去莫斯科参加全俄农业展览会。展览会期间,他听说鲍博罗沃在克林斯克县的庄园要出售,就兴奋地跑去仔细查看了一番,最后决定将它买下来。

但是,门捷列夫手头并不宽裕,于是他想到了鲍罗廷,决定和他一起合资购买。

他对鲍罗廷说完自己的想法后,鲍罗廷笑道:"你是不是在和我开玩笑啊?众所周知,现在农民刚刚得到解放,地价低得厉害,搞庄园生产不太合适吧?"

门捷列夫信心百倍地说:"我认为只要改良土壤,并向土地投入自由劳力和资金,那么靠农业生产是可以盈利的。"

"你了解那块地的情况吗?据我所知,这个庄园有400亩土地,大部分覆盖着森林和草地,还有60亩耕地。虽然有些耕地种过粮食,但是每年没有收成;还有一部分像周围其他所有地主的土地一样是闲置的。"

门捷列夫打断了鲍罗廷的话,说道:"这些情况我都知道,而且我已经亲自考察过了。我认为只要大量施加好化肥以改良土壤,并使用机器进行生产,那片土地还是很有潜质的。同时,咱们还可以适当地搞一些畜牧业,那样既利用了草地,又获取了肥料。"

他充满希望地说道:"相信我,我会让这块土地盈利的。"

作为门捷列夫的挚友,鲍罗廷非常相信他的才能,于是和他一起购买了鲍博罗沃的庄园。门捷列夫用了六七年的时间,实现了自己的承诺,得到了实实在在的利润。

在最初买这块地时,一亩黑麦的平均产量不超过80千克,好年成也不超过100千克,年成不好时只有五六十千克,至于丰收,几乎没听说过。

在他接手之后第五年,黑麦平均亩产已经达到130千克,第六年达到150千克。别的粮食作物产量也按这个比例增长。

酸凝乳、酸奶油的生产和养猪带来了直接的经济效益。生产的成果可以说十分显著。到后来,连著名的农学教授都带领农业科学院的学生去参观门捷列夫的经营情况。

门捷列夫在五六年内就轻松地使所有土地的产量翻了一番,他的成绩使他提倡的在广泛使用机器、化肥和农业技术的基础上发展俄罗斯的农业的提议,得到了大家的认可。因此,门捷列夫又被称为俄国农业化学的创始人和农业化学化的预言者。

不管是对工业还是对农业,门捷列夫都本着科学强国的理念,他认为只有拥有了先进的科学技术,才能够拥有强大的综合国力,只有把科学运用到实践当中,才能够发挥科学的真正魅力。

 门捷列夫传

成立俄罗斯化学协会

门捷列夫永远不会满足,他在发表了一系列的论文,获得了许多荣誉之后,又开始了新的攀登——向博士进发。

"米嘉,你是我见过的最伟大的人,你既编写《技术百科辞典》,又在三个学院讲课,还撰写关于玻璃生产的论文,也许,还有些我不知道的事吧?"鲍罗廷坐在门捷列夫的实验台旁,满怀热情地望着自己的朋友。

"是的,还有博士学位论文。我发现了一个奇妙的现象,就是把水和酒精混合,它们的体积会变小。"门捷列夫兴致勃勃地说道。

"真不可思议,我还以为组成溶液的溶质和溶剂,没有确定的比例,它们不遵循定比定律,溶液只能是混合物而不是化合物呢!"鲍罗廷惊奇地表示异议。

"看来不是这样。如果它是简单的混合物,则溶液的量应该与酒精和水的原始数量相等,可是,它却少了些。"

"这真有意思!"

"还有更神奇的呢!我发现当纯酒精与水的重量比是46 : 54的时候,溶液的体积最小。"

"哦,那不是酒精的分子量和三个水分子的分子量之比吗?"

"对啊!因此我断言溶剂和溶质的结合是有规律的,它们不是简单地掺杂在一起。"门捷列夫更加兴奋地说。

"你的观点又是一个大的突破,我期待着你最后的结论。"鲍

罗廷高兴地说。

不久,门捷列夫通过实验得出一个结论:溶剂和溶质的结合是化学性质的。他根据的理由是:溶液中生成固定组成的化合物。在很多情况下,溶解过程总伴随有化合物所特有的现象,存在某些固体结晶化合物,生成含有结晶水的化合物。门捷列夫把溶液中的多种化学形式和过程叫缔合作用。

1865年1月31日,门捷列夫顺利地通过了博士论文《论酒精和水的结合》答辩,获得博士学位。

值得在此着重提出的是,门捷列夫没有因为博士论文的通过就放弃对水溶液的研究。他在1887年出版了一部这方面的综合性专著——《水溶液比重之研究》。

这部书概括了门捷列夫自己的理论和实验研究,收集和分析了大量的溶体文献,阐述了此前作者对于溶体性质的认识。

全书内容十分丰富,观点鲜明,其中的很多结论到现在还对科学研究起着指导作用。特别是书中给出的几张表格,如食用盐溶体受成分影响的密度表、酸溶体受成分影响的密度函数曲线图、盐酸水溶体受成分影响的密度总表,以及酒精的水溶体在不同温度条件下的密度汇总表等,至今仍然是测量溶体密度的主要依据。

该书完善了承认溶体中存在溶质水合分子的缔合的溶体学说,认为这些分子处于一种动态的平衡状态,稀释以后它们会产生不同形式的分解。

门捷列夫的这一学说在以后溶体理论的发展中留下了深深的印记,引发了许多研究,还导致了一系列重大发现。现代的电解溶体理论也是受到门捷列夫学说的影响而发展起来的。

该书的意义不仅在于其科学价值,它同时也是门捷列夫献给母亲的一部巨作,是他一生中唯一的一部带有纪念性质的著作。

门捷列夫在《水溶液比重之研究》的序言中写了这样几行意味深长而动人的话:

> 这部作品是作为最小的孩子纪念自己的慈母而写的。只有慈母以自己的辛勤劳动,经营工厂,才能使儿子长大成人,她以身作则来教育儿子并以慈爱来纠正儿子的错误!她为了使儿子献身科学,毅然离开了西伯利亚,并不惜倾其所有,竭尽全力。

> 临终遗嘱说:"不要欺骗自己,要辛勤地劳动;不要花言巧语,要耐心地寻求真正的科学真理。"因为她知道,人们应该了解更多的东西,并借助于科学的帮助,不是强迫,而是自愿地去消灭成见和错误,而且可以做到:捍卫已经获得的真理,进一步发展自由,共享幸福和内心的愉快。

门捷列夫将母亲的遗训作为神圣的信条,他的一生都在坚守着这个信条。

从门捷列夫的学士论文、硕士论文到博士论文,从固体到液体,从相似元素间的关系到不相似元素间的关系,他一步一个脚印地向自己的目标迈进。

两个月后,门捷列夫被任命为圣彼得堡大学化学工程学代理教授。秋天的时候,他被正式任命为教授。

1866年夏天,门捷列夫的良师益友伏斯克列森斯基当上了圣彼得堡大学的校长。同年，学校分给门捷列夫一套住房，他于11月24日搬进了新家。

这时，门捷列夫在圣彼得堡大学的课程明显增多了，他不得不推掉技术工艺学院的有机化学课，并推荐别尔施太因接替自己的位置。

1867年年初，门捷列夫有幸以俄国分展会会长助理的身份参加了在巴黎举行的世界博览会。在这里，他大开眼界，同时也为俄罗斯落后的工业情况大为着急。

回到圣彼得堡之后，门捷列夫就此次巴黎之行写成了题为《论现代化学生产的发展及其在俄罗斯的应用——关于1867年世界博览会》的专著。

在这本书里，门捷列夫详细地描述了他在许多国家制碱工厂看到的生产和经济状况。他介绍了斯特拉斯福特的工厂是怎样开采和加工卤水石的；阐述了面包的烤制过程，分析了国外煤油、石蜡等矿物照明材料和硝化甘油、肥皂、人造化肥的生产情况。

该书一出版，就受到了各界人士的普遍欢迎。书中关于纯碱和石油生产的章节具有特别重要的意义。从那时候起，这两个行业的人士开始听取门捷列夫的意见了。该书是门捷列夫的第一部大型的技术经济著作，为他在这一领域带来了盛名。

就在这一年，伏斯克列森斯基教授离开圣彼得堡，去了哈尔科夫。门捷列夫接替了伏斯克列森斯基空出的位置——圣彼得堡大学无机化学教研室主任。

在这所著名的大学里担任无机化学教研室主任是何等的光荣啊！门捷列夫感到肩上的责任重大，他决心尽自己最大的努力

工作。

门捷列夫给自己设立了一个目标,即把圣彼得堡大学建设成为全俄最大的科学中心,让圣彼得堡大学站在科学的最前沿阵地上。

为了实现这个目标,门捷列夫把生命的宝贵时光和全部精力都贡献了出来。他邀请当时名气很大的布特列洛夫,从喀山到圣彼得堡讲课;他安排在分析化学方面颇有建树的学生门舒特金举办公开讲座。

门捷列夫唯贤是举,从不嫉贤妒能;他敢于打破常规,标新立异。门捷列夫在提携后来人,大力推进科学发展方面,做出了巨大的努力。

门捷列夫既注重教研,又注重科学交流。他认为科学家们积极的学术活动造成了如今俄罗斯自然科学的繁荣。而当时的化学界是一个以区域划分的零散的组织结构,这样不利于大家的互相交流。于是,门捷列夫产生了这样的想法:成立一个化学界科学家的统一的学术团体。

1868 年,门捷列夫正式向科学家们提出了这个倡议,倡议一提出,立刻得到了热烈响应。这年 11 月,俄罗斯化学协会成立,该协会汇集了俄罗斯最优秀的化学家,而 34 岁的门捷列夫担任主席。

这个协会宗旨在于"促进化学所有学科的成绩和推广化学知识",并倡导:使俄罗斯所有城市都拥有化学协会的会员,俄罗斯的化学家用俄文发表的著作都将收入其会刊。

化学协会的成立在俄国化学家的生活和工作中是一个重大事件。现在,他们可以就亟待解决的问题交换意见,可以了解国内外的科学实验成果,讨论和评价某些学者和学派的研究。

协会的成立,将俄罗斯的化学界科学家团结到了一起,在这个团体里,人们亲如一家,齐心协力地发展着本国的科学技术。

团结的力量是伟大的,一群科学家团结的力量简直是无穷的。这个协会站在俄罗斯的科技前沿,它是俄罗斯的希望。其倡导者门捷列夫作为协会的主席,感到无比的自豪。他觉得自己应该带动一场科技的暴风雨,以此作为协会的洗礼。

第四章

科学探索

探讨元素间规律性

门捷列夫是一个教学非常严谨的人,作为无机化学教研室主任,他觉得自己更应该将无机化学这门课程讲好。

他翻遍了所有的无机化学课本,阅读了许多当时知名化学家的著作,还时不时地在别的教授讲课时去旁听。他吸取众人之长,勤勤恳恳地准备讲义。

自从开始讲授无机化学这门课,他深深感到,化学还没有牢固的基础,在当时化学只不过是记述无数的零碎事实和现象而已,甚至连化学最基本的基石——元素学说也还没有一个明确的概念。这种状况对学生掌握这门科学十分不利。

门捷列夫意识到,编写一本无机化学的教科书是多么的必要。当时的化学课本,无论是国内的还是国外的版本都有内容陈旧、体系混乱的毛病。

门捷列夫决定动手写一本新的无机化学的教材——《化学原理》,他将这本书进行了定位,规定它立足于大多数化学家所能接受的新原理,反映化学理论和实践的一切最新成果。

门捷列夫是从来不会把自己的计划束之高阁的。当他找齐了资料,便开始了教材第一卷的编写。

第一卷前言写得非常顺利,于 1869 年 3 月就出版了。当众人都在期待下面章节的时候,门捷列夫却犯难了。

"这本书我究竟要以什么作为贯穿始终的线索呢? 怎么写才能够让它条理清楚,让人一目了然呢?" 门捷列夫又开始整理

资料,可是越整理越是糊涂。

世界上各种元素组成的无机化合物不过 5 万多种,含碳的有机化合物则有 300 多种。当年,门捷列夫编写《有机化学》时,分门别类,有条不紊,两个月就写完了。可现在他着手编写《化学原理》时,却感到无从下手。他觉得这些化合物都交错地掺杂在一起,想写这个,可是写着写着就跑到了别的上面,而且越跑越远。

线索!门捷列夫意识到,造成这种现象的原因是没有找到能够将书贯穿在一起的线索。

当时人们所知道的元素只有 63 种,它们之间相互反应,生成各种各样的化合物,这些元素的性质没有任何两个是相同的,彼此反应形成的化合物也是五花八门:有的是气体,有的是液体;有的没颜色,有的是蓝色、黄色、红色;有的软,有的硬;有的加热变硬,有的加热变软;等等。这些无机物之间杂乱无章,要把这么多元素单质、化合物的性质一五一十地讲出来,会让人听得头发晕。

而教授们讲解的时候也无规律可循,他们都按照自己认为最方便的顺序:一般从氧讲起,因为氧元素在自然界分布最广;有的则先讲氢,因为它是最轻的元素,当时各个元素的原子量就是相对氢而言的;有的人把铁放在最前面,因为它是用途最广的金属;也可以从金讲起,因为它是元素中最贵重的;还可以从最少见的铟讲起,因为它是最"年轻"、刚发现的。

门捷列夫养成了良好的学习和工作作风。他认为,修建科学的大厦光有材料不行,还需要计划、协调,这样才有可能取得成功。他不是一个盲目地收集材料的人,他是一个善于用独特方法处理素材的科学家。

针对无机化学面临的混乱世界，门捷列夫坚信，自然界并不存在杂乱无章的现象，如果看到自然界呈现出杂乱无章，那只是由于人们对自然界认识得还不够。化学元素之间存在某种"一般规律"，这种"一般规律"还有待于人们去探索，去研究，去发现。

他说："当我在考虑物质时，总不能避开两个问题：物质有多少和质量是怎样的？就是说，有两个概念，物质的质量和化学性质。我相信物质质量的永恒性，也相信化学元素的永恒性。因此，自然而然地产生出这样的思想：在元素的质量和化学性质之间一定存在着某种联系。"

当时，大多数科学家热衷于研究物质的化学成分，醉心于发现新元素，但很少有人整理和概括这方面的材料。虽然一些有识之士也曾探索这方面的理论，但由于存在这样或那样的缺点，不断遭到攻击，研究的人越来越少。

夜深了，门捷列夫站在窗前遥望着夜空，不断地问自己："我应该怎么做呢？寻找化学元素之间的规律，是件纯理论的工作，是很难有结果的研究，甚至会被认为是不务正业。我真的要做下去吗？"

这时，他仿佛听到天空的一角传来巴赫的钢琴声，他仿佛听见巴赫在说"能用简单的主题，呼唤出整个世界"，他仿佛看见康尼查罗那执着的身影。

是啊，巴赫虽饱受嘲讽，却在音乐史上树起了一座里程碑；康尼查罗的观点虽一开始不被接受，他却是为化学研究的正确方向勇于探索的孤胆英雄。对！我要知难而上，要为了自己的信念坚持下去。

于是,门捷列夫开始了自己执着的钻研。他将整个过程分为两步:首先,对前人在同一问题上的工作进行尽可能多地了解、熟悉、掌握,从中汲取丰富的营养,指出失败的教训与成功的希望,使下一步研究工作少走弯路。

其次,对所掌握的大量资料进行比较、核对和验证,进行去粗取精、去伪存真的整理工作,对于一些有疑问的,根据其化学性质并利用原子价、当量、相对原子质量之间的关系进行某些修正。

在化学元素之间寻找其相互联系的工作,最早做出努力的是法国著名化学家拉瓦锡。正如人们所评述的那样,如果把波义耳描绘成左手握着气筒,右手举着木槌,正奋力敲钟为化学世界报晓的先驱,那么拉瓦锡就应该被描绘成左手握着水银曲颈瓶,右手指向天平的领路人。

拉瓦锡否定了古希腊哲学家的四元素说和三要素说,建立了在科学实验基础上的化学元素的概念:"如果元素表示构成物质的最简单组成部分,那么目前我们可能难以判断什么是元素;如果相反,我们把元素与目前化学分析最后达到的极限概念联系起来,那么,我们现在用任何方法都不能再加以分解的一切物质,对我们来说,就算是元素了。"

在1789年出版的历时4年写就的《化学概要》里,拉瓦锡列出了第一张元素一览表,元素被分为4大类:

气体:光、热、氧、氮、氢等物质元素。

简单的非金属物质:硫、磷、碳、盐酸素、氟酸素、硼酸素等,其氧化物为酸。

简单的金属物质:锑、银、铋、钴、铜、锡、铁、锰、汞、钼、镍、金、铂、铅、钨、锌等，被氧化后生成可以中和酸的盐基。

土质：石灰、镁土、钡土、铝土、硅土等。

这个分类只能是个尝试，其中有很多不是元素，也没有触及元素之间的内在联系。以此为发端，到周期律发现的一百多年间，由于新元素的大量出现，认识元素之间规律性方面的工作不下几十起。

这些工作，一方面逐步清除了光、热、石灰等，它们并非真正的元素；另一方面，逐步将越来越多的元素依照其理化性质变化情况联系在一起。其中有代表性的工作有：瑞典化学家贝采利乌斯把元素分为三类，即负电性元素、过渡性元素、正电性元素。他试图以元素的本质来分类，稍微有些进步。

1815 年，英国医生普劳特第一次试图把所有的元素统一在一定的秩序下。他根据当时测定的原子量都近似整数，并且是氢原子量的整倍数，提出所有元素都是由氢原子构成的假说。它们的性质之所以不同，无非是因为所含有的氢原子多少不同罢了。

普劳特的假说过于牵强，化学家的权威责问他："氢的原子量是1，为什么许多元素的原子量不是整数？"

普劳特不能说出让人信服的理由，他的新观点不得不被认为是臆造的。但他第一次从原子量方面来研究元素之间的关系，影响较大。

到了 1829 年，德国化学家德贝莱纳在探索元素的原子量和其化学性质相互关系的基础上，对元素进行局部分类，提出"三元素组"的分类法。从已知元素中抽出15种，分为5组：锂、钠、钾，钙、锶、钡，氯、溴、碘，硫、硒、碲和锰、铬、铁。

德贝莱纳发现,某三种化学性质相近的元素,如氯、溴、碘,不仅在颜色、化学活性等方面可以看出有定性规律变化,而且同组元素中,中间一个元素的性质介于前后两个元素之间,而它的原子量正好是前后两个元素原子量的算术平均数的近似值。

"三元素组"分类法,向人们揭示了元素的原子量和元素的性质之间确实存在着内在关系,为人们指明了探索元素规律的方向。

1850年,德国药物学家培顿科弗提出,性质相似的元素原子量相差常为8或8的倍数,并对"三元素组"分类法进行了修正,把一些原子量相近、性质相似的元素加进相关的组中去。

尽管他找到的规律仅能说明局部,而且使人感到偶然性的成分更大,但是,这种从事物本身来说明事物,寻求联系,由定性到定量的过渡却代表了本质上正确的新方向,开了寻找元素间规律的先河。他的工作启发了一批科学家开始进一步研究相对原子质量与化学性质的关系。

1862年,法国化学家尚古多创造了一个"螺旋图"。他把当时已发现的62种元素按相对原子质量大小,有序地标在圆柱体表面的一条上升的螺旋线上。他惊奇地发现:化学性质相似的元素竟出现在同一条垂直的直线上,如 Li – Na – K、Cl – Br – I、S – Se – Te 等,和德贝莱纳的"三元素组"极为相似;同一条母线上的元素的相对原子质量差值,大多数接近某一个常数16。每隔一定数目的元素,又有性质相似的元素出现在同一条母线上。

根据"螺旋图",尚古多第一次提出元素的性质有周期性重复的规律。他于1862年和1863年,向巴黎学院提交的有关这方面的 3 篇论文、图表和模型,由于其与某些元素化学性质的事实不尽符合而遭到拒绝。

虽然尚古多的"螺旋图"并未在周期律的发现史上起到应有的作用,但是它向元素周期律迈出了有力的一步。

1864 年,德国化学家迈尔出版了《近代化学物理论》一书,发表了第一张化学元素周期表。这是迈尔在详细研究各元素物理性质的基础上,按照元素原子量的顺序编排的"六元素分类表"。这张表将每组 3 个元素扩大到了每组 6 个元素,排列的顺序也是按照原子量的大小为先后,各组中相似位置的后面元素的原子量与前面元素的原子量之差非常接近。

这张表按原子量的大小排序,对元素的分族做得已经很好,有了周期表的雏形。只可惜,表中元素还不及当时已知元素的一半。这张表当时没有引起化学界的关注,迈尔教授放弃了。

1865 年,英国工业化学家纽兰兹把当时已知的元素按相对原子质量大小的顺序加以排列,发现从任意一个元素算起,每到第八个元素就和第一个元素的性质相近,就像声乐的音阶一样。于是,他把各种元素按原子量递增的顺序排成了有几个族系和周期的周期表,并将其称为"八音律"表。

可当 1866 年 3 月,纽兰兹站在伦敦化学会的讲坛上,满心欢喜地报告自己的发现时,不仅遭到漠视,而且被人挖苦。

"如果按原子量把元素挨着排列起来,就可以得到重要的定律的话,那么按元素的名称的第一个字母,依照字母表的顺序排,又将发现什么呢?"

最后的结果是,人们对纽兰兹的发现不屑一顾,甚至连他的论文也未能在会刊上发表。纽兰兹在遭到别人责难时退缩了,中

止了自己的探索,未能将碰到鼻尖的真理揭示出来。

这100多年有价值的探索,未能在科学界得到公认,其根本原因是未能找到有说服力的、内在逻辑条理明晰的结论。尽管这些工作对局部、个别、部分元素颇为有效,但对全局、一般、整体来讲,缺少必然性的描述,而这恰恰是建立周期系统应当完成的历史任务。

这些化学前辈们没能够揭示化学元素的最终规律,究其实质,或是对这一自然规律的存在本身表示怀疑,或是对人揭示这一规律的能力表示怀疑。

门捷列夫在综合分析了化学元素漫长的发现过程后,更加坚定了揭示真理的信念,坚信规律存在的客观性和可能性。

他认为某些元素有着极大的相似性,而这些相似性绝非偶然,一定有某种内在的依从性。一切的元素,应该毫无例外地有着某种特征,既决定它们之间的类似,又决定它们之间的差别。

知道这点以后,就可以把所有的元素连同它们那不计其数的化合物,全都排成十分整齐的行列,像按照个子高低把士兵排成一队一样。

门捷列夫独自漫步在涅瓦河畔,落日的余晖洒在水面上。他仍然在苦苦思索着那个古老的命题,想从中找出一种"能用简单的主题,呼唤出整个世界"的规律。他坚信,总有一天他会找出这条贯穿于整个化学世界的规律,而事实上,有许多前人在一片黑暗中摸索前行,并使它初见端倪。门捷列夫也注意到了这一点。

拉瓦锡是化学的先驱,他以数学和物理为手段,在一个牢固的基础上去建立崭新的化学。14年的苦心孤诣,14年的不懈探索,14年的不被人理解,终于建立了新的燃素说。

过去,人们认为铁、锡、铅等金属是由燃素和灰渣化合而成的,而拉瓦锡的研究使人们认识到,事实恰恰相反,灰渣是金属与氧化合成的,这就确定了元素和化合物的区别。

拉瓦锡把当时已确定的33种元素分为酸类、氧化物、硫化物、盐类和磷化物。这就是拉瓦锡用他的理论,甚至他的身躯为元素的研究铺出的一条走向正确的路。虽然他这一声报晓并不高亢,他也在走出开头的几步后就倒下了,但后继者们永远不会忘记他。

普劳特,一位伦敦临床医生,他在1815年以匿名的方式小心翼翼地发表了自己的看法:

想想吧,在形形色色的元素中,既有像氢那样容易燃烧、容易爆炸,同时又很轻的气体,也有像碘那样极易升华、变成紫色蒸气的气体;既有像磷那样能在暗处放出奇妙光亮并能发生各种激烈反应的元素,也有像氮那样能在空气中大量存在但又几乎不发生任何化学反应的元素;既有像钠那样遇到氧气能立即黯然失色的元素,又有像铂那样总能呈现着美丽光华的元素……这些形形色色的元素,难道真是彼此毫不相干,各自毫无联系,总是杂乱无章,没有秩序和规律吗?

来看看吧,有很多元素的原子量,都是氢的原子量的整倍数,其中,有13种是整倍数,有24种接近整倍数。那么,是否可以大胆地假设,所有的元素,都是由氢原子组成,因而氢是所有元素的"根本元素"呢?

普劳特医生的理论像一首浪漫的钢琴曲,对元素的规律做出了大胆的猜测。这一猜测引发了化学家们的大讨论。一时间,大家争论得十分激烈,真可谓仁者见仁,智者见智。

五十年后,俄罗斯化学协会专门邀请专家进行了一次学术讨论。学者们有的带着论文,有的带着样品,只有门捷列夫两手空空。学术讨论进行了3天,3天来在讨论会场,大家各抒己见,好不热闹,只有门捷列夫一个人一直一言不发,只是瞪着一双大眼睛看,竖起耳朵听,有时皱皱眉头想想。

眼看讨论就要结束了,主持人躬身说道:"门捷列夫先生,不知可有什么高见?"门捷列夫也不说话,起身走到桌子边,右手从口袋里取出一副纸牌甩在桌子上,在场的人都大吃一惊。门捷列夫爱玩纸牌,化学界的朋友早有所闻,但总不至于闹到这种地步,到这么严肃的场合来开玩笑吧?

只见门捷列夫将那一把乱纷纷的牌捏在手里,三下两下便整理好,并一一亮给大家看。这时大家才发现这并不是一副普通的扑克,每张牌上写的是一种元素的名称、性质、原子量等,共63张,代表着当时已发现的63种元素。更怪的是,这副牌中有红、橙、黄、绿、青、蓝、紫7种颜色。

门捷列夫真不愧为玩纸牌的老手,一会儿工夫就在桌子上列成一个牌阵:竖看就是红、橙、黄、绿、青、蓝、紫分别各一列,横看那7种颜色的纸牌就像画出的光谱段,有规律地每隔7张就重复一次。然后,门捷列夫口中念念有词地讲着每一个元素的性质,滚瓜烂熟,如数家宝,周围的人都傻眼了。他们在实验室里钻了十年、几十年,想不到一个年轻人玩玩纸牌就能得出这番道理,要说不服气吧,好像有理,要说真是这样,又有些不甘心。

这时，一直坐在旁边观看门捷列夫的老师气得胡子撅起来了，一拍桌子站起来，以师长的严厉声调说道："快收起你这套魔术吧！身为教授、科学家，不在实验室里老老实实地做实验，却异想天开，摆摆纸牌就要发现什么规律，这些元素难道就由你这样随便摆布吗？"老人越说越激动，一边还收拾东西准备离去，其他人见状也纷纷站起，这场讨论就这样不了了之了。

门捷列夫坚信自己是对的，回家后继续推着这副纸牌，遇到什么地方接连不上时，他断定还有新元素没被发现，他就暂时补一张空牌，这样他一口气预言了 11 种未知元素，那副牌已是 74 张。这就是最早的元素周期表。

执着地进行研究

在圣彼得堡的初夏，阳光普照着大地，门捷列夫和鲍罗廷漫步在涅瓦河岸边。鲍罗廷兴致勃勃地看着周围的景色，时不时地发出赞叹。

可是门捷列夫只是在那里一声不响地走着，双眉紧蹙，周围的一切好像一点也打动不了他的心。

"我亲爱的米嘉，有什么烦心的事情吗？说出来让我帮你分担一下。"鲍罗廷恳切地说。

"你知道的，我认定每种元素之间都是有一定的规律可循，我研究了一下关于这方面的不同观点，更加坚信我的看法。现在，我在想从哪个方面着手对这些元素进行分类才是最正确的。"

"每种元素都具有多种理化性质：颜色、味道、比重、光泽、对

氢氧的关系、原子价等。而这些理化性质又各不相同,你要找到一个每种元素都具有的标记,并且这个标记都各不相同,而且在物质发生化学反应后,它也不能有变化。"鲍罗廷一边想,一边分析着。

"物质的颜色?不对,就拿磷来说,它有红色的,有黄色的,究竟哪种是它的本色呢?这个都确定不了,肯定不会是颜色。"门捷列夫自问自答道。

"是比重?可这种性质更不稳定,有的物质稍微一加热,就会变轻,看来也不会是它。"

两个人一边走一边讨论着,将物质的性质,如导热性、导电性、磁性等根据同样的道理,一一列出,结果又一一地否定。这种标记究竟是什么呢?门捷列夫苦苦地思索着。

经过仔细的研究,门捷列夫发现,钾与比它的原子量小的钠的性质十分相似,而且在钾以后的元素铷和铯也出现了类似的情况,它们都和钠、钾的性质相似。同样,在卤素氟、氯、溴、碘之间也存在着类似的关系,这种相似性还出现在钙、锶、钡之间。

门捷列夫的眼睛一亮:"它们之间是不是靠原子量联系在一起的啊?原子量为各种元素共同具有,而且几乎都不一样,镍和钴的原子量都是59,同时这些元素的原子量不会随着化学反应的发生而发生变化,它是一个极为稳定的性质。"

这些都符合鲍罗廷对标记的设想,同时门捷列夫还发现一个有意思的现象:依照原子量逐渐递增排列的元素,它们的金属性逐渐减弱而非金属性逐渐增强。比如磷族的氮、硫族的氧和卤素族的氟,它们的原子量分别为14、16和19,非金属性也是氧比氮强,氟比氧强。结论是:"元素的性质随着原子量的变化而发生变化。"

经过上述分析,门捷列夫确定了原子量为研究元素之间关系的主要依据。这一重要依据,就能探索到使元素有相似和不相似之分的规律。那把能够帮他找到物质世界的统一性与规律性的钥匙找到了。

"只要善于利用它,问题就可以解决了。"门捷列夫兴奋地想。

一种元素的原子量告诉我们,这种元素的每一个原子比起最轻的元素氢来说,当时都是重多少倍。例如,氧的原子量是16,这就是说,任何一个氧原子的重量都是氢原子的 16 倍;金的原子量是 197,那就是说,金原子的重量是氢原子的 197 倍。原子量决定着组成每一元素的最简单的微粒——原子的大小。

19 世纪,人们尚未发现:一种化学元素的原子不一定都是一样重。直至 1910 年,英国化学家索迪提出了一个假说,化学元素存在着相对原子质量和放射性不同而其他物理、化学性质相同的变种,这些变种应处于周期表的同一位置上,称作同位素。

不久,他就从不同放射性元素得到一种铅的相对原子质量是 206.08,另一种则是 208。

1912 年,约瑟夫·约翰·汤姆逊制成了一种磁分离器,当他用氖气进行测定时,无论氖怎样提纯,在屏上得到的都是两条抛物线,一条代表质量为 20 的氖,另一条则代表质量为 22 的氖。这就是第一次发现的稳定同位素,即无放射性的同位素。

其实,许多元素都有变种,亦即所谓的同位素。有的同位素的原子比较轻,有的比较重,但它们的化学性质都相同。一切元素的原子量都是由两项条件决定的,一项是它的同位素的原子

量,另一项是这些同位素在自然界互相混合的对比关系。

这一同位素的问题,在当时还没有被揭示,所以人们都认为,同一元素的所有原子都是绝对一样的。任何一种元素的每一原子和任何另一种元素的每一原子间的差别,首先就表现在大小、重量上,至于元素的其他一切特性,显然都应该由这一基本特征来决定。

这个结论是门捷列夫把一切元素的性质仔细比较以后得出来的。他终于想到了,根据这一重要的特征,就能探索到使元素有相似和不相似之分的规律。只要善于利用它,问题就会迎刃而解了。

门捷列夫开始时,是挑选原子量相近的各元素。后来将不相类似的元素加以对比,首先是钾和氯,然后是对整族的碱金属和卤族元素。

当然,在研究过程中,他也试验了利用其他性质对元素进行分类。例如利用元素与氧、氢的关系进行分类,利用元素的金属性和非金属性进行分类,利用元素的活泼性顺序进行分类,利用原子价进行分类,但是都不太满意。最后他还是紧紧地抓住了元素的基本特性——原子量来探索元素之间的规律性。

在寻找元素关系的过程中,门捷列夫每有一点新的设想,就要重新制表,或在原来的表上勾来画去,不仅麻烦,而且不便于研究。而元素的各种性质,即使能全部背出,也无法方便、直观、明显地加以对比研究。

门捷列夫在探索周期律时,创造了新的方法:他将当时已经发现的 63 种元素的名称、相对原子质量、原子价、溶解度及性质,写在 63 张卡片上,用这些卡片来对元素之间的关系加以分析、对比、排列、调整,使之逐渐地趋近于一个有规律的系统。显然,这种方法比每次重新书写或勾画要方便、明晰、随机得多,不仅便于元素的两相对照,而且还可以很容易地进行大幅度的调整。

门捷列夫的家人、朋友、同事,还有他的学生,看到一向珍惜时间的教授突然热衷于"纸牌"游戏,都感到非常奇怪。而他却拿起卡片像玩牌一样,一会儿摆到这儿,一会儿摆到那儿,对别的事情丝毫也不在意。

通过对卡片深入的研究,门捷列夫发现了几个难以解决的问题。

第一个是原子量变化的连续性和间断性。从原子量最小的氢 1 到原子量最大的铋 210,共有 63 种元素。平均每相邻元素的原子量之差为 3.37。凡是差在 3.37 左右的状况,均可认为是正常的连续性变化,而超出这个变化幅度的,可视为反常、间断性变化。

在整个序列中,共有四处间断性跳跃:Ca(40)与 Fe(56)之间,Zn(65)与 As(75)之间,Mo(96)与 Rh(104.4)之间,Ba(137)与 Ta(182)之间。

"那么产生这种间断的原因究竟是什么呢?"门捷列夫冥思苦想着,"是不是原子量测定本身有问题?"

将这一因素尽可能由实验排除之后,他发现,在原子量变化发生间断的地方,这些元素与前后、左右元素性质相比较,常常出现明显的反常。

"这是为什么呢? 难道还有别的原因吗?"门捷列夫想了很久,得出的唯一结论是:这里有未被发现的新元素存在。可是这可能吗? 这不符合科学的理论啊!

　　这个问题作为一个没有答案的难题,门捷列夫将它先放在了一边,因为这时他发现了第二个问题。原来,门捷列夫在把元素按原子量大小排列时,发现元素铍破坏了化合价周期变化的规律。同时锂与硼之间相差太大,而碳与氮之间相距太近,好像前面少了一个元素,而后面多了一个元素,那么这个元素是铍吗?

　　于是,他把铍放在锂和硼之间,化合价便呈现由小到大的规律性变化,但是原子量从小到大的变化却被破坏了。

　　"这是怎么回事呢?我该怎么处理呢?"门捷列夫忽然想到了欧德林的排表,他为顾及周围元素之间的关系,对碘和碲在次序上作了仅有一例的倒置。

　　"对,我为什么不换一种思路呢?我以化合价为依据,改变铍的原子量试试。"于是,他便果断地把铍的原子量由13.5改为9,紧接着,他重新测定了铍的原子量,果然是9.4。

　　由此,门捷列夫改变了自己的总体思路,变为既以原子量为主要线索,统率全局,又在局部以元素其他性质为依据,或改排某些元素的先后次序,或对原子量作了大胆的修改。

　　门捷列夫发现的第三个问题是,如何正确处理长短周期的关系。他在研究中发现,元素的性质虽然有周期性的变化,但是并不是当原子量每有一定的差值的变化,元素的化学性质也就有确定的变化,如同数学上的等差级数一样准确无误。

　　"除氢元素之外,前两周期元素之间的对应关系早已被人发现,往下各周期长短究竟怎样确定?"这个也成了令门捷列夫头疼的难题。但这些难题,并没有把门捷列夫吓倒,反而更加坚定了他寻求真理的决心。

制成元素周期表

夜深了,圣彼得堡大学的化学实验室仍然亮着灯,门捷列夫仍在排列卡片,他已经从鲜花盛开排到落叶缤纷,从烈日炎炎排到大雪飘飘,排了一年又一年。

这一天,门捷列夫仍然在排着,已经三天三夜没合眼了。这时,他的好友,圣彼得堡大学地质学教授依诺斯特兰采夫来拜访他。

"您在忙什么,在玩牌吗?"依诺斯特兰采夫见门捷列夫手里拿着扑克牌似的卡片,神情有些忧郁地站在书桌边。

别人在玩扑克牌的时候,或是兴高采烈,或是漫不经心,可是没有人会像门捷列夫那样煞费苦心、绞尽脑汁的!

门捷列夫一指满桌的卡片,说:"我在探索化学元素周期的问题。从理论上,我已经想通了,可是要把这个理论变成一个清晰的、一目了然的表格,我现在还办不到。这些日子我就一直在思考这件事情。"

"哟,门捷列夫,看你愁成这样,可惜,我帮不上忙了。"依诺斯特兰采夫教授怕影响门捷列夫的思路,轻轻地退了出去。

已经到了午夜,门捷列夫作了无数种设想又一次次地推翻,实在是太累了,他迷迷糊糊地睡着了。梦中,他还在继续排着3年多来魂牵梦萦的元素表。他分明看到,那张表格上余下的格子里,几种泛着奇异光泽的金属正在闪现,它们闪着闪着,忽然间全不见了,格子里一片空白。

门捷列夫一下子惊醒过来,豁然开朗:这 63 种元素绝对不会是自然元素的全部!他急忙把梦中那几个格子空出来,整个元素的序列立刻展现出它们固有的规律。门捷列夫终于完成了"元素周期表",把自己的事业推到了一个新的高度,他欣喜若狂。

这时,他突然想起早上有人曾经拜访他,"是谁呢?哦,是依诺斯特兰采夫。他什么时候走的呢?"门捷列夫想啊想,也没想出来。于是,他就跑到依诺斯特兰采夫那里,既是为自己的不礼貌道歉,更重要的是,他要找人和他一起分享喜悦。

"嘿,依诺斯特兰采夫,你说多有趣,我思考了 3 年的问题,竟然在梦中得到了解答。我的元素周期表制作成功了!"

"是吗?那太好了!"依诺斯特兰采夫真心地为门捷列夫感到高兴。

"你看,我写下来之后发现,只需要修改一处,就能够把那些困扰我的难题全部解决掉。"说着,门捷列夫递给依诺斯特兰采夫一张小纸片。

"这一切真的太奇妙了,可这里怎么有些空格啊?"

"呵呵,这就是我所有问题的答案,它们是未被人类发现的元素,但是我现在能够预测出它们的一些性质。"

"真的吗?那么神奇!快讲给我听听。"

"我还是给你摆摆我的'扑克牌'吧!"门捷列夫一边说,一边把随身携带的"扑克牌"拿了出来。

依诺斯特兰采夫发现,这些标着元素原子量、化合价等的小纸片,都已经很破旧了。

门捷列夫爱抚地摸了摸这些纸片,充满感情地说:"这种'扑克牌'我已经换了 3 回了,你看这副也已经破了,它们为我立的功劳可不小啊!"说完,门捷列夫就把纸牌摆了起来,一边摆还一边解说着。

"我认为,氢具有独特的性质,应该把它放在一个特殊的位置。"说着,他把氢放在了第一位,接着把氦也排在了第一行。

第二行把锂到氟排入,共 7 种元素。第三行也是 7 种元素——从钠到氯。接着,在纵向上做文章,把性质相近者归入同列。

门捷列夫笑着问:"你看,这个表是不是有点像音乐中的音阶表,哆、来、咪、发、梭、拉、西,出现了周期性循环。"

依诺斯特兰采夫点点头,赞叹地说:"真不可思议!"

"这第四行出了点儿小问题,如果继续拘泥于这个神秘的'7',那么就再也不好排了。经过我仔细研究,我决定在第四行排 17 种元素。"说着,门捷列夫在第四行,摆了 17 张纸牌。

"为什么有 3 张纸牌是空白的?"依诺斯特兰采夫感到很疑惑。

"这就是我梦中的启发啊!我敢肯定,这里有 3 种元素还没有被发现,所以我给它们留出了空位。"

依诺斯特兰采夫的眼睛睁得更大了。

门捷列夫在第五行、第六行中也放了 17 种元素。接着,他又在第四行的 17 种元素中,进行了"截断",即从钾到锰再加上铁、钴、镍共 10 种在前,镍到溴 7 种在后。

"把这后 7 种元素和第二行、第三行比较,那个神秘的'7'又出现了。"依诺斯特兰采夫惊喜地说。

"你再看一下第四行的前列。"门捷列夫指点道。

依诺斯特兰采夫惊奇地发现,排在第一位的钾与第二行、第

三行第一位的锂、钠同属碱金属,其化学性质也相似。第二位的钙与上两行相应的铍与镁的性质也相似,同属碱土金属。

"为什么在第三位留下空位呢? 为什么把钛挪到了第四位呢?"

门捷列夫兴奋地说:"这就是我最大的发现。你看,如果把钛和第一行、第二行的硼、铝进行比较,它们的性质无论如何也不相似,但是,如果把钛和前面两行第四位的元素碳、硅相比,它们的性质就非常相似了。"

依诺斯特兰采夫赞许地点点头。

门捷列夫接着说:"所以我把这第三位留了出来,而且我肯定,这个新元素的原子量在钙的 40 与钛的 48 之间。"

门捷列夫和依诺斯特兰采夫就这个元素周期表,越谈越兴奋。这时的时间是 1869 年 2 月。

这张元素周期表的特点是:表中留下了 4 个空位,这 4 个空位上只写出了原子量,未标出元素符号,这 4 个空位是门捷列夫预言的必然存在的 4 种未知元素,他推测它们的原子量分别是45、68、70、180。

门捷列夫在金、铋、碲、钍的原子量的后面打上问号,表示他根据元素周期律对这 4 种元素的原子量的准确性表示怀疑。同样,他在铟、铒、钇的元素符号的前面打上了问号,表示他对于将这 3 个元素放在现有的位置上还没有把握,即它们的位置不一定合适。

元素周期表,在化学发展史上具有重要的科学价值。在元素周期表中,表明了元素性质发展变化的过程是一个由量变到质变的过程。每一周期的元素随着原子量的增加显示出性质逐

		Ti = 50	Zr = 90	? = 180.
		V = 51	Nb = 94	Ta = 182.
		Cr = 52	Mo = 96	W = 186.
		Mn = 55	Rh = 104,4	Pt = 197,4
		Fe = 56	Ru = 104,4	Ir = 198.
		Ni = Co = 59	Pl = 106,6	Os = 199.
H = 1		Cu = 63,4	Ag = 108	Hg = 200.
Be = 9,4	Mg = 24	Zn = 65,2	Cd = 112	
B = 11	Al = 27,4	? = 68	Ur = 116	Au = 197?
C = 12	Si = 28	? = 70	Sn = 118	
N = 14	P = 31	As = 75	Sb = 122	Bi = 210?
O = 16	S = 32	Se = 79,4	Te = 128?	
F = 19	Cl = 35,5	Br = 80	J = 127	
Li = 7 Na = 23	K = 39	Rb = 85,4	Cs = 133	Tl = 204.
	Ca = 40	Sr = 87,6	Ba = 137	Pb = 207.
	? = 45	Ce = 92		
	?Er = 56	La = 94		
	?Yt = 60	Di = 95		
	?In = 75,6	Th = 118?		

Д. Менделеев.

1869 年,门捷列夫发表的第一张化学元素周期表。

渐地发生量变,到周期的末尾就显示出质的飞跃。到下一个周期不是简单的重复,而是由低级到高级的发展过程,从而反映了物质内部的本质联系,证明了辩证唯物主义的正确性。

门捷列夫的元素周期律是 19 世纪科学界的重要成果,对当时以及后来的化学,还有相关科学产生了深远的影响。同时,还为进一步寻找新元素提供了理论依据。

恩格斯在《自然辩证法》一书中曾经指出:"门捷列夫不自觉地应用黑格尔的量变转化为质变的规律,完成了科学上的一个勋业,这个勋业可以和勒威耶计算尚未知道的行星海王星的轨道的勋业居于同等地位。"

坦荡地面对冷遇

门捷列夫制成元素周期表后,立即把它打印出来,分送给他熟悉的物理学家和化学家,并决定在 1869 年 3 月份举行的俄罗斯化学学会上发表。

等待是漫长的,虽然从发现元素周期表的日子到 3 月 6 日大会的召开不足一个月,但是,门捷列夫觉得度日如年。长期的超负荷的脑力劳动,加上近些日子情绪的波动较大,门捷列夫在会议的前夕病倒了。

"米嘉,吃点药吧,吃完了头痛就会好的。"妻子列谢娃请求着。

"我不要吃药,会议明天就举行了,我还有好多的事情没有准备呢!"门捷列夫烦躁地说。

"可是你的头那么痛,你怎么进行工作啊?"

"吃了药,我会发困的,那样就更做不了事了。"

列谢娃有些生气了,提高嗓音叫嚷道:"你简直不可理喻,真不知道好歹。"

"去,去把我的助手门舒特金叫来,我现在需要他。"门捷列夫脾气坏坏地说。

列谢娃强压着心中的怒火,为他找来了门舒特金。

门舒特金看见门捷列夫因为疼痛而紧皱着双眉,他关切地问:"门捷列夫,你的老毛病又犯了? 又头痛了?"

门捷列夫勉强点点头:"给我想个办法,让我摆脱这恼人的疼痛,我不想在这关键的时刻倒下。"

"哦,那你吃药了吗?"

一听见说吃药,门捷列夫的怒火又升了起来:"吃药! 吃药!你难道不知道吃了药我会犯困,什么也做不了了吗?"

"那怎么办? 不吃药你的头痛不会好啊! 那样耽误的可就不是一天了!"门舒特金一脸苦恼地说道。

门捷列夫这时候的情绪已经慢慢地平静了些,他看了看门舒特金,又看了看列谢娃,一脸歉意地说:"对不起,原谅我的无理取闹吧,我实在是等这次学术会议等得太辛苦了。"

"您不要自责,我能够理解您的心情,这次会议对您来说意义实在是太大了。您为了周期表耗尽了心血,它对您来讲就像自己的亲骨肉一样。"门舒特金安慰道。

"你说得没错,就因为这个,我的情绪才有些失常。照目前的形势看,明天的会议我可能参加不了了。你能不能帮我在大会上宣读报告呢?"门捷列夫恳切地对门舒特金说。

"什么? 天啊! 您竟然把这个伟大的时刻让给了我。您说的是真的吗?"门舒特金听了这个消息,不敢肯定地问道。

"是的,我请你帮我在明天的会议上宣读报告。"

"哦,太好了。您放心吧,这个任务我一定能够圆满地完成!"

"那太谢谢了! 列谢娃,帮我拿点止痛的药好吗?"

第二天,门舒特金在俄罗斯化学学会上怀着无比激动的心情,代门捷列夫宣读了题为《元素属性和原子量的关系》的论文。论文阐述了元素周期律的基本论点:第一,按照原子量的大小排列起来的元素,在性质上呈现明显的周期性。

第二,原子量的大小决定元素的特征,正像质点的大小决定

复杂物质的性质一样。

第三,应该预料到许多未知单质的发现,例如,预料类似铝和硅的原子量位于 65 至 75 之间的元素,元素的某些同类元素将按它们原子量的大小而被发现。

第四,当我们知道了某元素的同类元素以后,有时可以修正该元素的原子量。

同时,门舒特金还公布了门捷列夫的第一张化学元素周期表。周期表中留下了 4 个空位,空位上没有元素名称,只有预计的相对原子质量,表示尚待发现的元素。

当门舒特金将论文宣读完,整个会议大厅沸腾了。人们对这个话题议论开来。

"你对门捷列夫的这个元素周期表有什么看法?"

"简直太不可思议了,他竟然能够预知没有发现的新元素。"

"这还是科学吗? 这和占卜有什么区别!"

"科学是建立在事实的基础上的,凭空的想象是伪科学。"

"那些已经用实验证实了的原子量,竟然被他轻易就改变了,是不是太武断了啊?"

"我觉得他的论据挺充分的,构思也比较缜密,但是有些地方我还有点疑问。"

各种各样的观点纷纷出台,有支持的,有反对的,所有的争论都没有一个确切的答案。

门舒特金等会议一结束,就立刻赶往门捷列夫家。远远地,他就看见门捷列夫病歪歪地倚在门口向他这里眺望。

"门舒特金,你终于回来了,怎么样? 大家对我的论文有什么样的看法?"门捷列夫迫不及待地问道。

"反应非常强烈！您的观点对他们来说简直是太不可思议了！"

"是吗？那大家是怎么说的？他们对我的观点赞同吗？"门捷列夫兴高采烈地问道。

"这个……"门舒特金有些犹豫，他不知道怎么回答才好。

"快告诉我啊，这个历史性的时刻我没有亲身体会，现在让我感受一下吧！"

"门捷列夫，对您的观点，大家众说纷纭！您也知道，没有哪个新的学说立刻就会得到大家的认可的，人们需要时间了解它，接受它。"

"对，你说得完全正确，我会耐心地等待的。不管怎么样，今天真是太兴奋了，门舒特金，真的太感谢你了！"

门舒特金隐隐约约地感觉到，门捷列夫高兴得有些过早，他不禁替他担心起来。

门捷列夫焦急地等待着众人对周期表的反应，他希望有人会赞成他，甚至驳斥他也好，只要给他一个能说服对方的机会。他坚信自己的发明能够带给整个化学界，甚至是整个科学界一个惊喜。

但是时间一天天地过去，门捷列夫的报告好似一块石子投进了大海，一点回音也没有。

就在门捷列夫望眼欲穿的时候，他先后接到了他最敬爱的几位老师的来信。首先是本生教授，他在信上说：

> 我可以给你作出很多个在不同基础上随便类似的总结，但它只能登在交易所的报价单上。

门捷列夫觉得自己的心有些凉了,他知道本生教授代表的不仅仅是他自己,他代表的是整个德国的化学界。

不久,他又接到了伏斯克列森斯基教授的来信。伏斯克列森斯基教授是看着门捷列夫在化学的道路上成长起来的,对门捷列夫也是最了解的。

门捷列夫对这封信寄予了极大的希望,他多么希望这时候有人能够支持他一下啊!可是伏斯克列森斯基教授在信中,用一种沉痛的语气写道:

> 你还记得上第一节化学课的时候,我给你讲的波义耳的名言吗?"化学,为了完成光荣而庄严的使命,必须抛弃自古以来的空想方法,也应当像已经觉醒了的天文学和物理学那样,立足于严密的实验基础之上。"你还记得你当时是怎么说的吗?你说自己会像波义耳那样,把观察和实验放在第一位,让事实说话。可现在呢?你的预言,完全是思维的产物。我一直认为你是个化学天才,现在你成天凭空想象,浪费才思,让我非常痛心。我恳切地希望你,我亲爱的米嘉,做一些实实在在的工作吧!

看完这封信,门捷列夫的眼泪止不住地流了下来,他感到一种巨大的委屈。"为什么?为什么没有人理解我!"

没过一天,齐宁教授的信也到了。此时的门捷列夫拿到这封信,他甚至缺乏打开信封的勇气。果不其然,齐宁教授在信中更加尖锐地写道:

亲爱的门捷列夫，你应该记住你是搞科学的。臆造一些不存在的元素，并且硬说这些元素具有怎样怎样的性质，还把一切都收罗到精密科学的课本里，这是极不负责任的，会耽误我们俄罗斯下一代的化学发展。在大自然面前，谁也不能过于自负，别不务正业了，到了干正事做实在工作的时候了！

门捷列夫觉得心情极为压抑，他跑到了涅瓦河边，冲着波涛汹涌的河水，呐喊起来："为什么？为什么一定要我放下自己的研究？难道只有去搞化合物的研究，让别人多引用几句自己的话才算正经事吗？我不打算研究化学中琐碎的事实，同时也不打算操心别人要引用的问题。不要责备我，也不要对我下判决。如果要说就说说我著作中的错误吧！不要再说我没干事情！"

心中的郁闷喊了出去，门捷列夫觉得心情舒坦多了。接着他又喃喃自语道："从第一种元素的发现，到目前知道的63种元素为止，又有谁能够断定元素的数量呢？既然新元素不断地被发现，没有什么理由说此后这个发现过程会中止啊！另外，已知原子量变化的中断、元素性质变化中的跳跃都能说明，尚有未发现的新元素存在。我的推理是完全正确的，为什么不从这里入手，找一找我的问题呢！"

门捷列夫在河边漫无目的地走啊，走啊！忽然远处传来了一阵熟悉的钢琴声。他停住脚步，站在那里静静地聆听，竟然是贝多芬的《命运交响曲》。

那激昂的旋律，把他心头的乌云一下子扫得无影无踪。他想起了巴赫的冷遇，想起了康尼查罗的执着。不知不觉中，天已

经黑了,门捷列夫抬起头,望着那繁星满天的夜空,他突然想起了勒威耶。

1845年,法国天文学家勒威耶正在从事天王星轨道理论工作,当时的巴黎天文台台长阿喇果建议他研究天王星运动的反常问题。

勒威耶利用有关天王星的18次观测资料,运用万有引力定律,通过求解33个方程,于1846年8月31日计算出对天王星起摄动作用的未知行星的轨道和质量,并且预测了它的位置。他将计算结果呈送给法国科学院,与此同时,他还写信给当时拥有较大望远镜的几个天文学家,请求帮助观测。

勒威耶的工作在法国同行中受到了冷遇,却引起了柏林天文台副台长、天文学家伽勒的注意。伽勒在收到勒威耶的信的当天晚上就观测搜寻,仅用一个半小时就在偏离勒威耶预言的位置处观测到了这颗当时星图上没有的星。这颗星就是海王星。海王星的发现肯定了牛顿万有引力定律的正确性。

"也许我的遭遇会像勒威耶一样,经过科学的实践得出的结论最初不被人接受,但是到最后却能够影响很多人。"

想到这里,门捷列夫露出了久违的笑容,他拍了拍自己的脑袋,轻声地问道:"米嘉,这点挫折你就受不了吗?你不是非常自信吗?既然相信自己带给化学界的是拨云见日的力量,那么这些小的阻力又算得了什么呢?是金子总会发光的,坚持住,你最后也会谱出像巴赫一样的美妙乐章!"

就这样,门捷列夫放下了所有的负担,不顾名家和权威的指责,继续对周期律进行更深入细致的研究。

德国化学家迈尔也在1869年,制作出了一张化学元素周期表,表中不但明确按相对原子质量递增的顺序来排列元素,而且也留下一些空格表示未知元素。不过,迈尔未能对该图解进行系统说明,而该图解侧重于化学元素物理性质的体现。

门捷列夫认真对比了他和迈尔两人的元素周期表,发现迈尔对元素的族划分得更细致,并在表中已初步形成了过渡元素族。

门捷列夫汲取了迈尔的长处,对元素周期表进行了更深入的研究。1871年12月,他发表了《化学元素的周期性依赖关系》一文,同时发表了第二张元素周期表。

在这张周期表中,他将原来表中的竖行改为横行,使同族元素处于同一竖行中,突出了化学元素性质的周期性。在同一族里,也像迈尔一样划分了主族和副族,使元素的周期性更加明显。同时,他还新添加了第八族元素。

此外,门捷列夫还大胆地修正了一些已被公认的相对原子质量,如铟、镧、钇、铒、铈、钍、铀等。就拿铟来说吧,它是1863年用光谱分析法在含锌矿物中发现的。由于在矿物中铟常常与锌共生,所以当时的化学家都认为铟的原子价是2,从实验测得的铟的当量为37.8,因此它的原子量就是75.6。

按理论应该把铟的位置放在砷原子量75和硒原子量79.4之间,如果这样,就要把硒的位置移到氯的下面,但是硒与氟、氯的性质并不相似。

由于硒移动了位置,溴和碘也都要移到钠、钾的下面,而铷和铯就要移到钙的下面,这样做会把整个周期表中元素的顺序打乱,使元素性质的周期规律遭到破坏。因此,门捷列夫在第一张周期表中把铟排在铒和钇之后,并打上了问号。现在,他根据

周期规律,重新作了考虑,主张铟的原子价应该是 3,它的原子量应该是 113,其位置应该列入第五周期第三族,即镉(原子量 112)与锡(原子量 118)之间。这个位置与铟的物理和化学性质完全相符,例如,这 3 种元素的密度为:镉 8.6,铟 7.4,锡 7.2。In_2O_3 的碱性也在 CdO 和 SnO_2 之间。

在这张表中,门捷列夫将尚未发现的元素的空格由原来的 4 个增至 5 个,预言它们的分子量分别为 44,68,72,100,137。

在发表第二张元素周期表时,门捷列夫仍然感到有一些问题没有解决,即:为什么钴排在镍之前;为什么碲的原子量为 128,碘的原子量为 127?

他根据化学性质,认为把碲排在碘之前更为合适,这个做法违反了按原子量递增的顺序排列元素的规则。他虽然这样做了,但是还说不出原因。一直到后来,英国物理学家莫塞莱提出了原

Group Period	I	II	III	IV	V	VI	VII	VIII
1	H=1							
2	Li=7	Be=9.4	B=11	C=12	N=14	O=16	F=19	
3	Na=23	Mg=24	Al=27.3	Si=28	P=31	S=32	Cl=35.5	
4	K=39	Ca=40	?=44	Ti=48	V=51	Cr=52	Mn=55	Fe=56,Co=59 Ni=59
5	Cu=63	Zn=65	?=68	?=72	As=75	Se=78	Br=80	
6	Rb=85	Sr=87	?Yt=88	Zr=90	Nb=94	Mo=96	?=100	Ru=104,Rh=104 Pd=106
7	Ag=108	Cd=112	In=113	Sn=118	Sb=122	Te=125	J=127	
8	Cs=133	Ba=137	?Di=138	?Ce=140				
9								
10			?Er=178	?La=180	Ta=182	W=184		Os=195,Ir=197 Pt=198
11	Au=199	Hg=200	Tl=204	Pb=207	Bi=208			
12				Th=231		U=240		

1871 年,门捷列夫发表的第二张化学元素周期表。

子序数的概念以后,这一问题才得以解决。

当时公认的金的原子量为197,而铂、铱、锇的原子量分别为197.4、198、199。按照原子量递增的顺序,这4种元素的位置应该是金、铂、铱、锇。但是门捷列夫从各种化学性质考虑,在第二张元素周期表中将它们的顺序排成锇、铱、铂、金,原子量的关系也是颠倒的。

后来,他建议重新测定锇、铱、铂的原子量,测定的结果,锇、铱、铂的原子量改为190.1、193.1、195.2,它们都比金的原子量小,完全符合原子量递增的顺序。

新的化学元素历来大多由发现它的科学家命名。门捷列夫尽管十分肯定地预见了十多种元素的存在,从某种意义上说,是它们的首先发现者,他却不愿行使元素命名权。他对他的助手说,把这个权利留给那些真正发现这种新元素的人吧! 我们只要知道自己做的是对的,预见的是正确的就可以了。这是多么宽广的胸怀啊!

门捷列夫在与这个新元素相似的元素前面加一个冠词,来作为新元素的代称,如"埃卡硼""埃卡铝"和"埃卡硅"——"埃卡"在梵语里是"加一"的意思。这些代称既能大体表明该新元素的物理性质和化学性质,又充分具有元素周期表的特色。

在《化学元素的周期性依赖关系》一文中,门捷列夫还给元素周期律下了定义:"元素的性质周期性随着它们的原子量而改变。"

同年,门捷列夫又发表了一篇论文——《元素的自然系统和应用它来指出尚未发现的元素的性质》。在这篇论文中,他详细论述了推测未知元素物理性质和化学性质的方法。具体地说,某

一未知元素的性质与它的同一族的上、下两个元素的性质及同一周期的左、右两个元素的性质密切相关。例如,它的原子量约等于上、下、左、右4个元素原子量的平均数,密度或比重也可以由此算得;它的化合价,即所处族的元素的化合价,金属性比同一周期左面的元素弱而比右面的元素强,比同一族上面的元素强而比下面的元素弱;非金属性则恰恰相反。

根据这个原理,门捷列夫具体地描述了"埃卡硼""埃卡硅"和"埃卡铝"3种元素的性质,并指出了发现这些元素的最有可能的方法。

门捷列夫认为,"埃卡硼"的原子量约为44,是+3价元素,其氧化物比重为3.5;"埃卡硅"的原子量约为72,比重为5.5,它的氯化物的沸点应该是在90℃;"埃卡铝"的原子量约为68,熔点极低,比重是6。

他根据"埃卡铝"的性质,在各方面都应该是铝的性质到铟的性质的过渡,推断出这种金属的挥发性很可能比铝大,而预测用光谱分析的方法来发现它是有希望的。

他设定"埃卡硼"是非挥发性的,而预测它未必能用一般的光谱分析的方法发现,然而,又通过假设"埃卡硼"是挥发性的,而指导人们借用光谱分析来发现它。

门捷列夫在第一张化学元素周期表问世后,虽然遭到了冷遇,但是他没有退缩,而是迎难而上。现在第二张化学元素周期表诞生了,门捷列夫觉得这首先是对自己的一个胜利,因为这张表是他的坚持、他的自信,是他为了追求真理永不退缩的精神的胜利!

有了第一个胜利,剩下的就是发现新的元素,以证明周期表的可信性的第二个胜利,门捷列夫相信这个胜利的到来也不会太迟。

伟大的预测被证实

第二张元素周期表的问世和第一张的类似,都没有引起化学界的重视。好在这次也没有人指责门捷列夫的"不务正业"了。

这时的门捷列夫也成熟了很多,他不再期盼着科学界的强烈反响,他只是默默地等待着,等待着那个周期表被证实的伟大的时刻的到来。

当然,他并没有就此停止前进的脚步。首先是历时3年的无机化学教科书——《化学原理》终于完成,并交付印刷了。这本书的整体思路是围绕元素周期律进行的。全书有条不紊,条理清晰,不再是各种元素和其他化合物像搜集资料一般杂乱无章地堆砌了。

《化学原理》教导我们去认识化学中的"方法和目的"。门捷列夫用成千上万的例子指出了科学是怎样推动工业向前发展,科学对于利用自然力揭示了哪些新的可能性。

门捷列夫还将元素周期表附在书中,他坚信,这张表不仅不会耽误俄罗斯化学的新一代,而且还会帮助新一代茁壮地成长。

此刻,化学元素周期表的研究告一段落。

从1872年起,门捷列夫的研究中出现了新的课题,即气体的状态。

原来,莫斯科彼得洛夫农林学院的一位叫雅格的学生设计

了一个带阀门的变形喷水泵,阀门中的水是以脉动的形式喷出来的。这个可以使空气明显变得稀薄的水泵使俄罗斯技术协会很感兴趣。

于是这个协会找到了门捷列夫,请他进行研究,想弄清楚水泵所造成的空气稀薄程度与空气、水流量之间的制约关系。

有人曾经问门捷列夫,这个选题到底哪里吸引了他。

门捷列夫回答道:"旅行家想去的地方不是风光秀丽的田园,也不是名震古今的城市,而是一个人迹未至的地方,人人都希望成为哥伦布能够发现新大陆。这个项目之所以吸引我,就是因为气体弹性知识中,还有'新大陆'没有被发现,我也想做一回哥伦布。"

多么形象的比喻啊!要做哥伦布,岂是说说就可以的?门捷列夫为此投入了极大的热情,付出了辛勤的劳动。辛勤的汗水加上聪明的头脑,使门捷列夫有了新的突破,他在1873年宣布,设计、研制成功差式气压计,它可以测出大气压的绝对值和压力差。这是一个很灵敏的仪器,可以确定不足一米高度内的差。

1874年,门捷列夫得出了理想气体状态的新方程式,并在第二年发表的论文中作了详细的阐述。

这个方程式能够精确应用3个著名定律,即波义耳——马略特定律、盖·吕萨克定律和阿伏伽德罗定律,可以简化关于气体和蒸气的一切近似计算。这样会比当时闻名的克拉珀龙气体方程式更为完善。

1875年,门捷列夫的大型专著《论气体的压力》的第一部分出版。书中讨论了气体压力研究所面临的目标,阐述了解决问题的实验方法。

后来,门捷列夫在俄罗斯化学协会及其他科学组织的会议上多次就气体的压力问题作报告、宣读论文,并在国内外发表了许多关于这些问题的论文。

在这几年里,门捷列夫虽然一直在忙碌着研究新的课题,但是他时刻也没有放松对化学元素周期律的关注。

终于,功夫不负有心人! 在1875年,一种新的化学元素被法国化学家列考克·德·布瓦博德朗发现了! 布瓦博德朗在分析比利牛斯山的闪锌矿的提取物时,采用光谱分析法在一种陌生的紫色光线中捕捉到了一种新元素的痕迹,并在夜间得到了极小的几滴锌盐溶液,最终从中提取了一粒小到只有在显微镜下才能看见的新元素。

又经过3个星期的奋战,布瓦博德朗终于把新元素的量积累到了1毫克,这时他已经可以肯定地说,他手中的物质的确是一种新元素,他把这种元素命名为“镓”,以荣耀自己的祖国。

镓的发现极大地鼓舞了科学界,已经好久没有发现新元素的消息了,科学家们都很高兴,也很激动。门捷列夫此时的心情还掺杂了期待与忐忑,他比任何人都关注这个新元素的进展。

不久,布瓦博德朗又在《巴黎科学院院报》上发表了他所测量的镓的一些物理和化学性质:原子量59.72,比重4.7,熔点30.15℃,在常温下不挥发,在空气中不起变化,对于水汽的作用还不清楚,在各种酸和碱中可逐渐溶解。

氧化物 Ga_2O_3,比重尚未测出,能溶于酸中,生成 GaX_3 型的盐类,其氢氧化物能溶于酸和碱中。其盐类极易水解并生成碱或盐,所成矾类已了解到,其盐类可能被 H_2S 和 $(NH_4)_2S$ 所沉淀,无水氯化物比氯化锌更易挥发,沸点为215~220℃。镓是通过光

谱分析发现的。

门捷列夫看到这一消息后欣喜若狂："这不就是我所预测的'埃卡铝'吗？4年了，它让我苦苦地等了4年，终于出现了！"

门捷列夫喜极而泣，他怀着激动的心情又将这篇报道看了一遍，他的目光定位在镓的物理性质上不动了。

"布瓦博德朗测量出的原子量是59.72，比重是4.7，和我预言的原子量是68，比重在5.9～6.0之间相差较大，这究竟是怎么回事呢？"

门捷列夫又将他预测的"埃卡铝"的性质写出来：原子量68，原子体积11.5，金属的比重5.9～6.0，熔点低，非挥发性，不受空气作用，烧至红热时能分解水汽，将在酸液和碱液中逐渐溶解。

氧化物公式 Ea_2O_3，比重5.5，必能溶于酸中生成 EaX_3 型的盐，其氢氧化物必能溶于酸和碱中。盐类有形成碱式盐的倾向，硫酸盐能成矾，其盐类能被 H_2S 或 $(NH_4)_2S$ 所沉淀，其无水氯化物较氯化锌更易挥发。本元素或许将被光谱分析法所发现。

"镓的化学性质和它的发现方法与我的推测几乎完全吻合。到底是谁错了呢？"

门捷列夫的大脑飞快地运转着，他思考了一切可以想到的可能性，来解释导致两者不一样的原因。最后，他得出的结论是：布瓦博德朗的测量有误差，或者是那块物质纯度不够。

不久，布瓦博德朗收到了门捷列夫的来信。门捷列夫的信中说：

衷心祝贺你发现了新的元素镓，但根据我的元素周期律推测，它的比重应该是5.9～6.0之间，它的原子量应该是 68,希望你重新测量一下。

这件事在当时的人们看来,如同奇谈,令人难以置信。全世界的科学家们都紧张地关注着这场争论孰胜孰负:是独一无二手中握有镓,而且进行了精确的测量实验的布瓦博德朗,还是坐在圣彼得堡的书房里依据那张周期表作大胆预言的门捷列夫呢?

而布瓦博德朗本人更是惊诧莫名:自己是世界上唯一拥有镓的人,这个俄罗斯人怎么能知道它的原子量是 68,比重应该是 5.9 ~ 6.0 呢? 这太不可思议了! 但出于一个科学家的求实精神,布瓦博德朗又重新测了一次。这次他提取到的镓足有 1 / 15 克,重测之后的结果还是 4.7。

于是,他给门捷列夫回了一封信说:

尊敬的门捷列夫先生:

根据您的提议,我又对自己的新元素重新进行测量,非常遗憾,结果依然没有改变。

布瓦博德朗

门捷列夫接到信后,没有重新审视自己的元素周期表,而是立刻回信,他指出,测比重出现错误可能不是由于不够精确,而是由于镓是通过钠还原而制成的,所以镓中含有钠的杂质,钠的比重小,从而大大减小了镓的比重。

布瓦博德朗接到信后,被门捷列夫的执着感动了,他重新提炼了镓,又进行了一次测量。结果与门捷列夫的预言惊人地吻合:

原子量为 69.9,比重为 5.94。

布瓦博德朗此时的心情比自己发现镓时还要激动:"这是一个怎样的天才啊?他竟然准确预言了未知的东西!"

他立即回信对门捷列夫表示感谢,并著文盛赞其元素周期表的成功,还指出:"我以为没有必要再来说明门捷列夫这一理论的巨大意义了。"

化学史上第一个预言的新元素的发现,使门捷列夫完成了可以与勒威耶预言海王星存在相媲美的勋业。如果把门捷列夫关于"埃卡铝"的预言和布瓦博德朗发现的新元素镓的特性作一比较,任何人也不能不为这种科学预言的高度准确性赞叹不已!

从此之后,元素周期律很快传遍了世界各地,成为人们继续寻找新元素、总结化学体系的总纲。各个国家的实验室马上行动了起来,以发现门捷列夫的其他元素。

在这场竞赛中,瑞典化学家尼尔森在 1879 年首先发现了"钪"。

在钪发现之前,瑞士的马利纳克从玫瑰红色的铒土中,通过局部分解硝酸盐的方式,得到了一种不同于铒土的白色氧化物镱土。

当时马利纳克手头样品没多少了,就建议手头有充足铒土的科学家多制备一些镱土,以研究它的性质。

当时瑞典乌泼撒拉大学的尼尔森手头正好有铒土的样品,于是他马上就按照马利纳克的方法将铒土提纯,并且精确测量铒和镱的原子量。

当他经过 13 次局部分解之后,得到了 3.5 克纯净的镱土。

但是这时候奇怪的事情发生了,马利纳克给出的镱的原子量是172.5,而尼尔森得到的则只有167.46。

尼尔森敏锐地意识到这里面有可能是什么轻质的元素混进去,才让这个原子量的测定不再准斤足两。于是他将得到的镱土又用相同的流程继续处理,最后当只剩下 1/10 样品的时候,测得的原子量降至 134.75,同时在光谱中还发现了一些新的吸收线。

就这样,尼尔森发现了钪,钪的发现又一次光辉地证实了门捷列夫的元素周期律。

钪的性质及原子量为:原子量 44,氧化钪 Sc_2O_3 的比重为3.86,它的碱性比氧化铝强,比氧化钇和氧化镁弱,不溶于碱,且不能将氯化铵分解。

钪盐皆无色,能与氢氧化钾和碳酸钠生成胶状沉淀,它的硫酸盐极难结晶。碳酸钪不溶于水,而且极易失去二氧化碳。各种碱性硫酸复盐都不是矾。氯化钪 $ScCl_3$ 在 850℃ 时开始升华,而氯化铝超过 100℃ 即开始升华,在水溶液中 $ScCl_3$ 发生水解。

钪的发现并不是用光谱分析法。门捷列夫预测的"埃卡硼"的性质及原子量为:原子量 44,可能生成一种 Eb_2O_3 的氧化物,其比重为 3.5,碱性强于氧化铝,但不如氧化钇或氧化镁,不溶于碱溶液中,至于它能否将氯化铵分解,还是疑问。

它的各种盐类都是无色的,而且与氢氧化钾和碳酸钠反应后生成胶状沉淀,各种盐类都不能很好地结成晶体。

它的碳酸盐将不溶于水,可能沉淀成碱性盐。各种碱性硫酸复盐可能不成为矾类。无水氯化物 $EbCl_3$ 的挥发性较氯化铝为低,但其水溶液则较氯化镁更易发生水解作用。它恐怕不能用光谱分析法发现。

钪的特征几乎和门捷列夫预言的"埃卡硼"完全符合!

"我敬爱的老师,您瞧,我的理论研究也成为'事业'了。"门捷列夫对齐宁老师说道。

"门捷列夫,你来嘲笑我了吧?"齐宁面带微笑地问。

"不,不,您千万不要误会,我只是太高兴了!"门捷列夫连忙解释道。

"我在和你开玩笑呢!我们是老一辈的人了,过去和现在对我们来说最重要的是制取新的物质和研究它们的性质。人们创造了许多理论,可是被推翻的有多少啊!所以我们习惯于怀疑一切新的理论。但是,周期律却完全是另一码事。"

齐宁顿了顿又说:"这是项伟大的发现,它会使你声名显赫,而俄国的科学也会和你一起扬名全世界。当人们想到这是自己同胞的功绩时,该是多么高兴啊!"

"8年前,当我首次描述当时尚未发现的元素的性质时,我并没奢望能活到它们被发现以及周期律的正确性得到实际证实的这一天。我是多么地幸运啊!现在,当这些预言再次得到证实时,我可以大胆而自豪地说,周期律是普遍适用的!"

"对,你的周期律因为事实而会得到普遍承认。"

齐宁教授的预测是正确的。1881年,齐默尔曼在测定 UBr_4 和 UCl_4 的密度时,证实了门捷列夫对铀的原子量值修改的准确性。

门捷列夫在制定周期表时,根据元素的性质,并考虑到周期表中的可能位置,校正了铀的原子量。铀的原子量,佩里戈特等测得的数值是120。按照这一当时公认的数值,铀应该排在锡原子量为118和锑原子量为122之间。但是周期表中锡和锑是连续排列的,中间并没有空位,而且按照铀的性质,它也不应该排在这个位置上。门捷列夫相当果断地将铀的原子量加大了一倍,即加大为240,这样就使铀排在了比较准确的位置,同时,也使得铀成了最重的元素。

齐默尔曼在给门捷列夫的信中写道:"我很高兴,我的研究结果完全证实了你所作出的铀原子量为240的预言。同时,这一元素在周期系中也有了明确的位置。"

1886年2月,德国弗赖堡矿业学院分析化学教授温克勒发现了锗。

温克勒在分析弗赖堡附近发现的一种新的矿石——辉银矿的时候,通过精细实验所得到的构成该矿物的元素占总成分的93%,而理论上构成辉银矿的新元素按比例算应该占整个矿物的100%。

这说明,该矿物中肯定还有一种含量不小的元素在分析中被漏掉了。于是,温克勒继续进行细致的分析,一共做了8次实验,结果还是一样。这引起了他对未捕捉到的元素的极大兴趣,于是他全心全意地投入研究之中,而且他断定,这个元素应该和砷、锑、锡同属于一个分析组。

经过不断地研究实验,温克勒最终验证了自己的推断。他把新元素命名为锗。

门捷列夫的预言:锗是一种金属,其原子量大约是72,比重大约是5.5;这种金属几乎不和酸起作用,但可和碱起作用;这种金属的氧化物的比重大约是4.7,它极易溶解于碱,并被还原为金属;这种金属和氯的化合物就是液体,比重大约是1.9,沸点大约是90℃。

温克勒的测定结果：锗是一种金属，原子量为 72.3，比重为 5.35；锗很难和酸作用，但在熔融时极易和碱起作用；氧化锗的比重是 4.703，易溶于碱，并可用碳还原成金属；氯化锗是液体，比重为 1.887，沸点为 86℃。

两者的结果极为相似，2 月 26 日，温克勒在给门捷列夫的信中写道："我发现了一种新元素锗，这里所说的'埃卡硅'，告诉您的天才研究工作的又一新胜利！"

门捷列夫对"埃卡硅"的发现表现出极大的兴趣，因为这一元素在周期系中占有特殊的位置，它是具有双重性质的过渡元素。锗的发现和研究是周期律的彻底胜利。

起初，温克勒以为他发现的元素锗是像锑的元素，但门捷列夫指出了他的错误，他认为温克勒发现的元素应属于第四族，在钛与锆的中间。温克勒通过验证，很快地承认了自己的错误。

温克勒在此后给门捷列夫的回信中写道：

阁下：

谨随信寄上我发现的新的元素"锗"的报道单印本一份。最初，我认为，这个元素填补了您以奇异的洞察力所制定的周期表中，介于锑和铋之间的空位，而且同您的"埃卡锑"相近。

但是，一切迹象表明，我们是在和"埃卡硅"打交道。我希望尽快地向您报告这一有趣的物质。

今天，我仅向您报告这个很可能是您天才的研究工作新胜利的大致情况，并表示我对您的深深的敬意。

忠于您的克莱曼斯·温克勒

1886 年 2 月 26 日

温克勒推崇备至,不仅写信祝贺门捷列夫元素周期律取得的新胜利,而且,他还在一篇论文中说:

> 未必再有例子能更明显地证明元素周期律学说的正确性了,它标志着人类化学视野的显著扩大,意味着人类对于世界的认识大大地迈进了一步。

此后不久,门捷列夫在再版的他的著作《化学原理》中,感慨地写道:

> 我未曾想到自己能活到周期律推断的新元素获得证实的必然,而在科学事实上,我叙述过3种元素的性质,"埃卡硼""埃卡铝"和"埃卡硅",现在都已万分欣慰地看到它们被发现了。

其实,从这些元素的发现过程来看,是先被认识然后才被发现的,与其说"发现",倒不如说"找到"! 元素锗的发现,是元素周期律取得最辉煌的第三次胜利。

温克勒给新元素起名时,还有一个小的插曲。当时,他没有想好给这个新元素起个什么名字,也没有合适的好名字。他的朋友建议他,像其他的科学家那样,以第一次发现新元素的土壤所在地的名字命名新元素。

这个元素是在德国发现的,在德语里"锗"的本义即为德国,于是新元素被命名为锗。

当时,锗的命名,引起了很多人的不满,一些法文报纸和杂

志就命名新元素为"锗"一事,批评温克勒是狭隘的民族主义和对门捷列夫不恭,门捷列夫对此却不以为然。

他给温克勒的信中写道:

> 如果您能将我下面的意见转告给别人,我将感到十分满足。那就是:我提出"埃卡硅"这个名称,只是作为它被发现前一个预先的叫法。如果它被像德意志这样高度文明的国家名所代替,我将会很高兴;如果我提出的临时名字保留下来,我可能会更不愉快,因为不是自然界为思维的预先结论而存在,而是恰恰相反,思考和猜测只有被承认了以后才有意义,而这是掌握在人手中的。

由此可以看出,门捷列夫不仅是一个热爱祖国、热爱人民的爱国主义者,而且还是一个国际主义科学家,是为人类共同理想、为各民族间和平友好、为整个学术和科技、为人类幸福和繁荣而奋斗的战士。

温克勒接到门捷列夫的信非常高兴,他还邀请门捷列夫参加在 9 月 18 日至 24 日举行的德国自然科学家代表大会。他说:"如果这个愿望能够实现,那么这将不仅仅是我,而且是所有德国化学家的巨大喜悦。"这代表着一个科学家对另外一个科学家的崇高的敬意。

温克勒还在信中写道:

> 在大会上,我想在关于锗的报告中重提一下,您的杰出预言是怎样在发现和研究新元素的过程中光荣实现的。

　　也许您会允许在这个科学家会议上援引您今年4月21日告诉我的关于锗的命名的意见。我不会特意将您信的内容告诉任何人,直至您授权与我。我认为既然法国杂志不再纠缠,那么我就用不着发表您的信。但我非常高兴地口头转述过您公正的意见和善意的话语。

　　门捷列夫用他伟大的胸怀感动了温克勒,两个人成了不曾见面的好朋友。

　　门捷列夫是幸运的,能活着看到周期律所预言的元素在不到20年的时间里一一得到证实。随着元素周期律获得伟大胜利,门捷列夫的天才成就也得到了全世界的公认。

　　到了1889年,当门捷列夫出版他的教科书《化学原理》第五版时,已能纳入一长串经过实验证明的预测,他盛赞那些证实其研究成果的科学家为"周期律的真正奠基者"。

　　在这一年,门捷列夫应邀参加伦敦化学会举办的法拉第演讲会,他在关于周期表的报告中说道:

　　我预见到某些新元素的存在,这里我将提供一个例子,虽然至今我对它了解得还不太透彻。包括汞、铅、铋在内的第六周期元素中,我设想有一个与碲相类似的元素存在,可以把它叫作"埃卡碲",元素符号假定为Dt。

　　它的原子量为212,单质是一种灰色的、不挥发的金属。二氧化物DtO_2具有的弱酸性和弱碱性是相等的。"埃卡碲"的氢化物是一个比碲化氢更不稳定的化合物。

1898 年,"埃卡碲"被居里夫人发现,为了纪念她的祖国,把它命名为钋。它的原子量为 210,一种金属,沸点 962℃。氢氧化钋 $Po(OH)_2$ 具有明显的两性。钋的氢化物极不稳定,其存在的证据还不足。

随着元素周期表的胜利,门捷列夫的《化学原理》也受到了极高的评价,不仅连续再版,而且被译成多国文字,成为世界公认的一部经典教科书。无论是在俄罗斯,还是在国外,《化学原理》都深受欢迎,国内外的教师和学生对这部教材赞叹不已。

在 40 多年时间里,《化学原理》一直是俄国所有大学和国外许多大学化学系的主要参考书。其本身就证明了门捷列夫这一杰作的高超质量和重大的学术意义。

《化学原理》从第一卷问世起直至门捷列夫去世前,一共出了 8 版。每出一版,这位治学严谨的科学家都要补充和完善它。在所有版本特别是后几版中,门捷列夫都谈了自己对于科学发现的意见,对一些新发现的报道进行了评论,高度地概括了最新的研究课题和资料,将它们与已知的事实进行了对比。

他还指出,元素周期律的最初发现、其后几个重要的发展阶段和最后的巩固,都在《化学原理》前 8 版的编写过程中得到了充分的体现。

门捷列夫把这部《化学原理》比作他的一个孩子。在这本书里有他的教学方法和经验,以及他所倾心的科学思想,在《化学原理》中包含着他的精神力量和他留给下一代的遗产。

在《化学原理》的序言中写着这样一段话:"依我看来,只有思想和事实相结合,观察和思路相结合,才能在所希望的方面发生作用,否则就会抹杀实际情况,就会以虚构代替实际情况,而虚构正是我在自己的著作中所竭力避免的。"

门捷列夫为号召年轻的一代为科学服务,而在书中写道:

把理论和实践分开的有害想法,是许多错误思想的根源,这些错误思想在现代还存在着,并且在我们的社会中占统治地位。

这样的时刻已经到来了,放弃沉醉与幻想,放弃抽象的意图和古典的辩论,而走向现实和真正的劳动,来为人民谋福利。

还要证明科学不但能"给青年人以知识,给老年人以快乐",还能使人惯于劳动和追求真理,能为人民创造真正的精神财富和物质财富,能创造出没有它就不可能获得的东西。

在结论中,门捷列夫写道:

假如逐渐地把俄罗斯物理学家和化学家征服了的科学领域扩大起来,将来的年轻一代就可以满怀信心地获得一系列的更大的胜利。

科学早已不再脱离生活了,并且在它的旗帜上写着:科学的种子是为了人民的收获而生长的。

门捷列夫在《化学原理》一书结束语部分的科学和技术预见中表达自己对本国人民的崇高信念。

他写道:"物理和化学将成为像一二百年前经典作家所认为

的那样，具有教育特征和教育方法的时候，已经不远了。"

《化学原理》一书教育了许多代的化学家、物理学家、工艺学家、医师、农学家，以及各种专业知识的人员。它不只是化学的指南，而且还教育青年热爱科学、热爱祖国，号召人们为祖国的利益而工作，不要害怕艰苦的劳动。《化学原理》直至现在仍然没有失去它的意义。

在荣誉面前，门捷列夫并没有骄傲，他又一次来到了涅瓦河畔，望着那静静流淌的河水，长长地出了一口气。他在心中默默地念道："和门捷列夫相联系的有4件事：周期律、气体张力的研究、对溶液的研究和《化学原理》。它们是我的主要财产，它们带给了我创造的快乐、成功的喜悦，我会像珍爱我的孩子一样珍爱它们。"

门捷列夫望着陪伴了他半生的涅瓦河，露出了欣慰的笑容。

门捷列夫出名了，他现在是俄罗斯家喻户晓的人物了，可他的性格却一点都没有变。他还是那么和蔼可亲，待人还是那么真诚，就连给人的那种粗犷豪放的感觉，也和当年留学海德堡的西伯利亚青年门捷列夫毫无二致。他的人格魅力更为他赢得了同事、学生、邻居、保姆的热爱。

门捷列夫是一位伟大的科学家，同时他也是一位杰出的教育家。少年时，他深受父亲这位教师的熏陶，青年时就读于师范学院，中年时任教于圣彼得堡大学，这一切都使门捷列夫视教书育人为己任。

他工作总是十分认真，这是因为他知道教育的重要性，更因为他坚信，只有培养出俄罗斯自己的"柏拉图"和"牛顿"，祖国才能真正摆脱贫穷落后，变得繁荣富强。

门捷列夫十分敬业,对待科学研究是如此,对待教育教学工作也是如此。他严格地挑选课本,在没有合适的课本时,就把自己对化学的认识和实验得出的结论整理成教学笔记,之后又着手编化学课本。从《有机化学》到《化学原理》,无不倾注了他的心血。

尤其是《化学原理》,在门捷列夫自己的作品中,是他最为喜爱的,他曾在一篇文章中写道:

> 书中有我的特色、我的教育经验和衷心吐露的科学思想,有我倾注的心血和我留给后人的遗产。

就这样,门捷列夫以他严谨的治学态度、负责的教学作风、谦逊的性格、渊博的学识成了俄罗斯科学界的骄傲,也成为圣彼得堡大学最受学生欢迎的教授。

不仅如此,门捷列夫还十分注意教学方法,他不是一味地向学生头脑里灌输化学公式和化学理论,而是更加注意唤起学生对化学的兴趣,理解化学的灵性。他能巧妙地把上百人的注意力集中在一起,共同开动脑筋,一起讨论、思考。这样,化学在他的手里演绎出来,不再是事实、公式、现象的堆积,也不再是一棵树一棵树地认识森林,而是变成了一门饶有兴趣、引人入胜的学科。

因此,大学生们涌进他的课堂听课,就像听名人的演讲一样。不仅仅是本系的学生,法律系、历史系、医学系也有许多学生挤在门口,站在过道听门捷列夫的课。他的课涉及力学、物理学、天文学、天体物理学、宇宙起源论、气象学、地质学、动植物的生理、农业学的各方面,真可谓包罗万象,当然,他的课也因此更加

趣味横生。

从他的学生文贝尔格的一段回忆中,可以略窥当时门捷列夫受学生爱戴的程度:

> 凡是能够有令人羡慕的机会看见站在讲台上的门捷列夫,听过他讲课或报告的人,都能清楚地记得当时听众的那种异乎寻常的情绪。
>
> 讲台上,站着一个魁伟、稍微驼背、留着长发的人。他的声音低回、深沉,言辞充满热情,有的时候他好像卡了壳,找不到合适的词汇,使得初次听到他的课的人替他感到焦急。
>
> 然而,这种焦急是多余的,因为门捷列夫一定会找到那个词,而那个词一定是人们意想不到的、精妙绝伦的……他始终作为讲课根据的,贯穿着包罗万象的公式和深奥无比的那种科学观点的哲学基础令人神往。

拜柯夫院士在回忆录中也描述了学生们抢着去听门捷列夫的课的盛况:

> 在门捷列夫开始讲课不久,不仅是他讲课的第七教室,连邻近的其他教室也挤满了各系各年级许多朝气蓬勃和熙熙攘攘的学生。他们按照往年的习惯来听开学的第一次讲课,以便向这位教授、圣彼得堡大学的骄傲、俄罗斯科学的荣耀——门捷列夫表达他们的爱戴和崇敬的感情。
>
> 我当时也挤在这些激动、兴奋和喜悦的学生当中。我们迫切地期待着他的到来,从隔壁的房门直接开向讲台的

那个实验标本室里,传来了轻轻的脚步声,教室里顿时安静下来。

门捷列夫出现了,他身材魁伟,稍稍驼背,斑白的长发直垂到两肩,银灰色的长须托着他那副目光炯炯、严肃而淳朴的面孔。当时的情景一直到现在仍历历在目,欢呼声和掌声犹如春雷般震天撼地,这简直像是一场暴雨,是一阵狂风。

全体同学都在高声欢呼,大家都欣喜若狂,每一个人都尽情地表达着自己的欢乐情绪。

只要看到当时欢迎门捷列夫的这种热烈场面,就会体会到他是一位伟大的科学家和伟大的人物。

他令人神往地影响了所有的人,并吸引了所有接触过他的人的智慧和良心。

由于门捷列夫对当时科学的发展有了明确的认识,他直接参加解决各种最新的基本问题,而且又结识了许多当代出色的人物,因此他的讲述就成了包括许多直接观察和印象的一股生动泉流。

这就是门捷列夫,把科学知识的讲授与爱国精神、民主思想的传播完美地结合起来的门捷列夫,把自己丰富的科学知识和高尚的人格一同教给学生的门捷列夫,被他的学生乃至全俄罗斯人民视为珍宝,但被沙皇当局视为"眼中钉"的门捷列夫——俄罗斯人民伟大的化学家、教育家!

第五章

辛勤工作

遭遇不公平事件

俄罗斯帝国第一流的科学家团体是俄罗斯科学院,而为俄罗斯的化学事业,甚至为整个世界的化学事业都做出了巨大贡献的门捷列夫竟然不是这个科学院的一员,你相信吗?

不了解当时社会背景的人一定会说:"那怎么可能? 如果门捷列夫不是科学院的院士,那么别人就更不可能拥有这个资格了!"

事实是残酷的,这个誉满全球的化学家门捷列夫,至死也没有得到这个荣誉。事情的始末还要从头讲起。

门捷列夫不仅是一位杰出的化学家,还是一位进步的教育家和社会活动家。受家庭环境的熏陶、导师的言传身教,再加上门捷列夫善良、正直的天性,让他始终站在真理一边,并致力于传播民主与科学。作为一个老师,每当遇到反专制的学潮时,他总是站在学生一边。

对于沙皇政府的上层官僚来讲,门捷列夫不仅不是他们的同志和战友,而且是他们的"眼中钉,肉中刺",他们甚至怀疑他是隐蔽的革命者。沙皇政府之所以容忍门捷列夫,只因为他是一个大科学家,而且对他们来讲,门捷列夫不是贵族,没有世袭财产,属于"下等人",最多是一个平民知识分子,可以不必与之计较。

沙皇政府给门捷列夫的学术活动的最高评价是"某种手工活动"。但是,当他们需要解决某种科技或经济难题时,就把门捷列夫这个"有经验的工匠"招来,命令他完成各种工作。

门捷列夫总是以国家和民族的利益为重,从不消极地执行下达给他的研究命令。他总是把自己的最佳思路投入其中,详细地论证自己的改革措施和建议。

门捷列夫的"大度"并没有改变沙皇政府对他的看法,他们除了需要他的时候会想到他外,对他的一切都漠不关心。

1880年,俄罗斯科学院院士齐宁逝世。齐宁逝世后,按当时的官方文件"促进艺术和手工业发展的技术工艺和化学院士的宝座空出来了"。著名的化学家布特列洛夫·契比雪夫、奥甫相尼科夫和科克沙洛夫等院士推举门捷列夫为化学工业学院院士的候选人。布特列洛夫认为,"门捷列夫有资格在俄国科学院中占有席位,这是任何人都不能否认的"。

布特列洛夫之所以这样说,不仅因为门捷列夫在化学、气体、溶体、石油及其他问题的广泛、卓越的研究,同时门捷列夫还与科学院有着千丝万缕的关系。

早在1859年,门捷列夫就在科学院专刊上发表了论文《论物质的物理性质与它们的化学反应能力的关系》,从那以后,一发不可收的大量的论文在科学院的刊物上发表。1861年,门捷列夫还获得了科学院授予的全额"季米多夫"奖金。

1874年,一些院士就曾经向物理数学分院提出选门捷列夫为副院士。1876年,门捷列夫以17票赞成、3票反对的绝对优势,成为科学院院士候选人。

门捷列夫当选科学院院士,这个在众多科学家和俄罗斯人民眼中毋庸置疑的事情,却因为他在沙皇眼里是"俄罗斯先进知识分子社会见解的代言人",而在最后投票时发生了出人意料的变故——门捷列夫落选了。门捷列夫落选的消息一传出,全国科学界怨声载道,愤慨之声不绝于耳。

布特列洛夫仗义执言,在《俄罗斯报》上发表了评论《是俄罗斯的科学院还是皇帝自己的科学院?》,他的尖锐言论响彻全俄。在这篇评论中,这位伟大的俄罗斯有机化学家以非凡的勇气,对不选门捷列夫表示抗议。

布特列洛夫写道:"这样一来,俄国化学家就不能掌管科学院,而我却要受从'遥远的地方'来发号施令的玻恩教授管辖。让他们告诉我,从此以后,我能不能和该不该缄默不言呢?"

基辅大学、哈尔科夫大学、新西伯利亚大学、华沙大学、喀山大学、外科医学院、彼得洛夫农业科学院、圣彼得堡大学、莫斯科大学、莫斯科技校、林业大学和其他许多学校的教授们联名给《声音》杂志写了一封公开信。信的内容如下:

> 科学院物理数学分院 1880 年 11 月 11 日否决了门捷列夫接替已故齐宁院士职位的提议。候选人无可争议的功绩和他在国外的知名度使他的落选让人觉得不可理解。最优秀的俄罗斯科学家屡次落选物理数学分院的院士,我们认为社会应当对此予以关注。

没过几日,基辅大学和以基辅大学为榜样的其他大学纷纷选举门捷列夫为自己学校的名誉院士,向沙俄政府抗议,同时表示对门捷列夫的支持。

国际科学界也以他们特有的方式向门捷列夫表示敬意和声援。门捷列夫获得了牛津大学、剑桥大学等大学的学位,也被英国科学院、法兰西科学院、意大利科学院、德国国家科学院和美国

国家科学院等世界著名的科学院聘为名誉院士。

国际舆论也多抱不平,把俄罗斯科学院这一不光彩的举动以及俄罗斯科学家和进步团体的抗议称作"门捷列夫事件"。

像门捷列夫这样,名字与伟大的发现紧密相连的人是很少的,而在科学上做出了如此巨大贡献,名字又与这样的一个历史事件相连的,就更少了。

后来,一些进步院士多次重提选门捷列夫为科学院院士的问题,但是都没能被提交表决。

1882年,英国皇家学会授予门捷列夫戴维金质奖章;1889年,英国化学会授予门捷列夫最高荣誉——法拉第奖章。而门捷列夫最应该拥有的一项桂冠——俄罗斯科学院院士,却终生没能拥有。但是俄罗斯人民,乃至世界人民都给予他的支持与认可,已经足以让门捷列夫感到欣慰了。

门捷列夫在遭遇"门捷列夫事件"的时候,陪在他身边的是一个叫作安娜·依凡诺芙娜·波波娃的女孩。这个女孩聪明、温柔,具有艺术天赋。

1880年,46岁的门捷列夫结束了第一次婚姻,与波波娃结婚,开始了真正的家庭生活。

一次升空的冒险

门捷列夫就像一本百科全书,里面的知识包罗万象:有化学的,有物理的,有农业的,有地质的,有气体的……

曾经,在化学元素周期律的研究告一段落之后,门捷列夫把目光投向了稀薄气体。他预言了两种新的元素，并且为它们命名。

他声称："当我在 1869 年设计元素周期表时，曾经设想存在着比氢还要轻的元素，但当时没有来得及认真思考，现在要发展这一思想。"

以太是希腊语的译音，意思是"上天的空气"，在古希腊神话中，指天神呼吸的纯净空气，与凡人呼吸的下层混浊空气不同。

他预言 Newtonium 处在氢的上方，原子质量约为 0.170，而 Coronium 则应该是能在日冕中找到的新元素，它的原子质量约为 0.4。

门捷列夫是以太学说的执着拥护者，这次的推论就是建立在以太学说上的。他认为，一旦证实这两种元素的存在，人们便可以真正地深入认识"以太"的实质了。

柏拉图把四元素几何化，认为组成它们的原子形状分别是体现其性质的一种正多面体。但是正多面体共有 5 种，还剩下的一种，柏拉图认为对应的是第五种元素，宇宙和天体即由这种最高元素构成。柏拉图的学生亚里士多德把这种元素称为"以太"。从此，以太成了一个自然哲学的概念。

在亚里士多德的自然哲学体系中，水、气、火、土是构成地球的元素，它们是变化的，并做直线运动。而以太是充满太空和构成天体的元素，它是永恒不变的，并做完美的圆周运动。

中世纪西方哲学家基本上接受了亚里士多德的说法，只是做了一点小改动：以太的密度是会变化的，构成天体的以太密度要比充满太空的以太介质的密度大一些。

牛顿力学的创立颠覆了传统观念，证明天体和地球一样由相同的物质构成，遵循相同的物理定律，例如万有引力定律。天

体不再被认为是由以太组成的。但是太空中充满以太这个观念不仅没有被抛弃,反而有了一定的科学依据,由哲学观念变成了科学假说。

万有引力定律告诉我们,两个物体不互相接触,也彼此存在吸引力,即使两者的距离非常遥远,这种力也依然存在。那么,这种超距离作用力是如何产生的呢?力可以不接触就传递出去,这是难以想象的,似乎应该有一种介质来传递引力。

牛顿和其他许多人都假定这种媒介就是以太。不过,牛顿在这个问题上的立场并不一致。在其他场合,他拒绝提出假说来解释引力的性质。而据牛顿的朋友说,牛顿后来干脆说引力直接遵循上帝的旨意。

当考虑到光的传播时,问题更大。第一个有关光的性质的科学假说是荷兰科学家惠更斯提出的。他认为光是一种波,光的衍射现象很容易让人想到光是一种波,就像水波的衍射一样。但是,要用波动来解释光的直线传播、反射、折射等各种光学现象却不容易。

惠更斯提出了一个后来被称为"惠更斯原理"的学说,他阐明了波面在媒体中的传播性质,在此基础上用作图法巧妙地解释了各种光学现象,让光的波动学说有了理论依据。但是,光如果是一种波的话,根据当时的知识,这就意味着它需要借助某种介质来传播,就像声波以空气为介质、水波以水为介质传播一样。

然而,波义耳已证明在真空中声音不能传播,光线却可以传播——你可以透过真空看到东西。这表明,在真空中有某种比空气还要细微的介质来传播光波。惠更斯认为这种光波介质就是以太。

　　如果光是一种通过以太介质传播的波，而我们能够看到星光，说明以太介质充满了太空。牛顿认为这将会阻碍天体的运行，但是，既然所有的观察都表明，天体的运行并没有受到什么介质的影响，没有证据能够证明这种介质的存在，就不应该认为光的传播需要介质，那么光就不是一种波。

　　牛顿提出了一个针锋相对的学说，认为光是一种极其细小的微粒，而且它们的运动遵循他发现的三大运动定律。光的微粒学说很容易解释光的直线传播和反射：光微粒的运动速度极快，所以光做直线传播；光线反射是由于光微粒碰撞反射引起的。

　　但是，用微粒学说来解释光的折射和衍射却很困难。为了解释折射现象，牛顿不得不假定存在一种以太介质，它传递振动的速度比光要快，折射被认为是在不同地方的以太介质的密度和弹性不同引起的。至于这种以太介质究竟是什么东西，牛顿承认，他不清楚。

　　进入 19 世纪后，英国物理学家托马斯·杨、法国物理学家菲涅耳用干涉实验证明了光是一种波。1850 年，法国物理学家傅科用实验证明了光在水中的传播速度比在空气中慢，这一结果与微粒学说相冲突，而符合波动学说的预测，牛顿的学说被推翻了。

　　此后，英国物理学家麦克斯韦创立电磁学，他的电磁方程计算出电磁波在真空中的速度恰好等于真空中的光速，表明光就是一定频率范围内的电磁波。德国物理学家赫兹用实验证实了这个预见，波动学说取得了全面的胜利。

　　波动学说的胜利也是以太学说的胜利。当时的物理学家仍然认为，正如机械波的传播需要特定介质，包括光波在内的电磁

波的传播也需要特定介质,这种介质必须充满所有的空间,惠更斯的以太说因此又复活了。而且,麦克斯韦电磁方程要求所有的电磁波在真空中都以恒定的速度即光速传播。在牛顿力学中,这要求有一个绝对的参照系,否则,参照系发生变化,电磁波的相对速度也应该跟着变化。静止地充满宇宙的以太被认为就是麦克斯韦电磁方程所需要的绝对参照系。

地球在围绕太阳公转,相对于以太具有一个速度 v,因此,如果在地球上测量光速,在不同的方向上测得的数值应该是不同的,最大为 c+v,最小为 c-v,此时存在假设,以太相对太阳参考系是静止的。但即使以太相对太阳参考系不是静止的,在不同的方向上测得的数值也应该是不同的。

但是,1881—1884 年,阿尔伯特·迈克尔逊和爱德华·莫雷为测量地球和以太的相对速度,进行了著名的迈克尔逊—莫雷实验,测量了不同方向上的光速。

然而实验结果显示,并不存在这个速度差异。这实际上证明了光速不变原理,即真空中光速在任何参照系下具有相同的数值,与参照系的相对速度无关,以太其实并不存在。

后来又有许多实验支持了上面的结论。像门捷列夫一样坚持"以太学说"和"原子不可分的""元素不能蜕变"观点的人越来越少。门捷列夫不得不承认,自己对两种新的气体元素的预言是纯粹的思想产物,完全可能落空。

一些人失败了就会放弃,可是门捷列夫却相反,在哪里失败了,就要在哪里爬起来。

他说:"研究稀薄气体必须涉及大气上层气象学,目前对这个课题的研究还很薄弱。"

1887 年,年过半百的门捷列夫仍是壮心不已,他想升上天空,实现人的夙愿,到天上研究气体,研究大气上层的气象学。

想法是好的,但是行动起来的确困难重重。首先是经费问题,靠政府拨款制作气球是不可能的。这点困难没有把他吓倒,门捷列夫决定自筹资金。

从这时起,凡是门捷列夫出版的书籍都增加了一页,这一页上印着:"此书售后所得款项,作者规定用于制造一个大型气球并全面研究大气上层的气象学现象。"

门捷列夫一边筹集资金,一边对自己的气球进行设计。他的想法是在这个巨大的气球下面,挂一个密闭的吊篮,随气球升空的科学家携氧气瓶在吊篮中操纵气球并进行有关测量。

在那个年代,乘气球升空是一项了不起的冒险,稍有不测,就可能球毁人亡。但是,作为升空气球的实践者,门捷列夫有着超出凡人的勇气。

妻子波波娃非常担心门捷列夫的身体,于是以一个人既操纵气球又测量数据,效率会打折扣为由,极力地要求他找一个航空专家陪他一同升空。门捷列夫觉得波波娃的提议不无道理,于是就邀请航空家柯文科同他一起上天。

一切的准备都就绪了,可是制作气球的资金仍然不够,门捷列夫为此事愁得吃不香、睡不安。恰恰在这个时候,天文专家预测,日食将要降临圣彼得堡。得知这个消息,波波娃高兴地对门捷列夫说:"米嘉,别再发愁了,气球的事情有着落了!"

"真的吗?是谁?谁肯赞助我那么一大笔钱,我真的要好好地感谢他。"门捷列夫高兴地说。

"没人赞助,是我们向军事部门借。"波波娃神秘地说。

"那怎么可能,他们不会借给我的。"门捷列夫有点失望。

"如果你说你要研究稀薄气体,当然不会有人借给你了,但是你说要观测日食,那就不一样了!"

1887年8月19日,这个升空的激动人心的时刻到了。在停放气球的空场上站满了人,其中有门捷列夫的朋友,也有一些素不相识的人。大家的心情都是一样的,既紧张又激动。再看站在气球边的门捷列夫,虽然已年过50岁,但身上仍散发着青春的朝气。他身上穿着升空服装,和航空家柯文科一起在进行升空前的最后调试工作。

一切经检测没有问题后,门捷列夫和柯文科跨入吊篮,两个人微笑着,向大家挥挥手,随后启动升空装置。

当大家都聚精会神地盯着这吊篮,等着那升空的瞬间,柯文科发现这个气球的动力只能够载一人升空。

柯文科当仁不让:"我是飞行专家,让我上吧! 你一个人升空太危险了。"

大家也纷纷劝阻门捷列夫,劝他同意让柯文科先升空。

门捷列夫哪里肯听,他谢绝了所有的好意,对大家说:"你们别担心,气球也是一种特别的科学仪器。我今天第一次升空作业,绝不能失败。"

说罢,他看了看周围里三层外三层的人们,铿锵有力地说:"你们看看吧,这么多人像注视科学实验一样注视着飞行。作为一名科学家,我不能破坏他们对科学的信念!"

他转过头又对波波娃说:"如果我有什么意外,为进行实验结束生命也是一个科学家最好的结局了,到时候千万不要为我难过。"

波波娃的眼泪夺眶而出,但是她知道自己现在能够做的只有支持和祈祷。于是她擦了擦眼角的泪水,坚定地说:"你去吧,我相信你会成功的!"

门捷列夫头也不回地跨进了吊篮,启动了升空装置。气球升空了,门捷列夫在吊篮里专心致志地观察着日食。忽然,操纵绳被缠住了,气球不听使唤,在摇摇晃晃地下坠。地面上的人们张大了嘴巴,目睹气球下坠而又无能为力。

这时,只见门捷列夫敏捷地爬出吊篮,顺着绳子向上爬,一步,两步……他硬是徒手解开了绕在一起的绳子,从而恢复了气球的飞行姿态,地面上的人们一片欢呼。

当门捷列夫顺利落地时,一大群人涌了上来,欢迎这位升空归来的英雄科学家。

当问及在那千钧一发的时刻他的感受的时候,门捷列夫说:"除了幸运,最重要的是对事情的镇静和自觉的态度。举一个例子:就美而言,它应该与目的性相一致,成功也应该和沉着、冷静的手段相一致。"

门捷列夫对稀薄气体的研究虽然没有取得什么辉煌的成果,但他在观测过程中表现出来的无比勇敢和对科学不懈追求的精神让人们钦佩不已。

为了表彰门捷列夫这次飞行,法国气象航空学院授予门捷列夫荣誉奖。然而,沙俄政府却无视门捷列夫的杰出功绩。在他们眼里,航空被认为是卖艺,最多算是一项体育运动。而门捷列夫的传统个人风格,就是要把科学与实用挂钩。他坚信航空可以造福于人类。

1890年,在门捷列夫的再三坚持下,俄国技术协会航空部讨

论了齐奥尔科夫斯基的全金属飞船的设计。门捷列夫和另一位大科学家茹可夫斯基坚决地支持了这一计划。

当时发明家莫扎依斯基设计了蒸气动力的飞机,后来虽然证明行不通,但门捷列夫还是认真地参加了审查工作,他的心愿就是早一天看到自己的国家拥有空间民用飞行器。

不幸的是,在沙皇时代,门捷列夫、齐奥尔科夫斯基、茹可夫斯基等空气动力学大师的成就没有得到应有的重视。但是,他们无疑是后来著名飞机设计师图波列夫、伊柳辛、安东诺夫等的先驱。

关心民生事业

自从 1863 年参观了科罗列夫在巴库的油田以后,门捷列夫一直对石油工业的技术进步十分关心。他认为,石油不仅关系到国计民生,而且关系到俄罗斯的强盛和未来。只有实现技术进步,才能扩大石油开采和加工的规模,大大降低石油的主要产品——煤油的价格。

从那以后,门捷列夫多次借出国的机会考察国外的石油事业,其中去的次数最多的国家是美国。他发现在某些俄罗斯落后的方面,美国人也一样。

门捷列夫曾经提议废除石油开采的包租制,1873 年,这个建议终于得以执行。该建议从提出到执行,整整浪费了 10 年的时间。

1876 年,门捷列夫带着自己的研究生格米里安参加在美国费城举行的工业展览会。在此期间,他访问了美国许多城市,详细了解宾夕法尼亚州的石油开采和加工情况。

回国之后,他写了《关于北美宾夕法尼亚与高加索的石油工业》一书,总结了他在美国的所见、所闻、所感。

此次石油之行,没有给门捷列夫带来关于石油方面的新技术、新想法,唯一的收获就是通过分析欧美市场上石油及石油产品价格和石油业主的利润情况,得出了一个对巴库的石油十分有利的结论:不能指望美国煤油降价,它只会涨价。

同一年,门捷列夫去意大利开会的时候,又研究了意大利的采硫技术,这项技术在当时是比较先进的。

门捷列夫回国以后,将他的研究成果运用到了实际的生产活动当中,结果俄罗斯的采硫技术很快有了大幅度的提高。

1880 年,门捷列夫应财政部的邀请,又一次对巴库进行了考察。这次,他对石油加工业的配置、石油运输、石油废料的利用以及取消石油消费税等问题提出了自己的见解。其中关于取消石油消费税的问题,得罪了以"石油大王"诺贝利为首的一批石油大业主。因为消费税可以提高石油产品的成本,降低小业主们和大业主们的竞争力,从而那些大资本家就可以收买小油井,垄断石油业和石油买卖。

出于自身的考虑,这些大石油业主们联名要求,继续保持石油消费税,但当时的沙皇政府站在了门捷列夫这边,没有理会他们,坚决地取消了石油消费税。

这帮石油大业主们不甘心自己的利益受损,于是委托当时正在诺贝利那里工作的著名化学家利辛柯首先在媒体上向门捷列夫发起了攻击。

　　为了保护广大消费者和小业主的利益,门捷列夫勇敢地在《新时代报》上给以回击。自此,门捷列夫与这帮石油大户们结下了仇怨。对于石油的研究和那些石油大户的支持是分不开的,现在门捷列夫想要研究石油,进行实地考察成了一个首要的难题。

　　他现在面临着两种选择:一是放弃,一是向那些石油大户们低头。但门捷列夫两者都没有选。

　　1881 年 5 月,门捷列夫从意大利和法国归来之后,想进行石油馏分实验,对巴库石油的成分进行分析。

　　这时候,阻挠出现了。以诺贝利为首的石油大业主们,以各种理由拒绝提供石油,而那些小的石油业主又没有能力提供门捷列夫所需要的高质量的石油。

　　整个俄罗斯的石油业都在等着看门捷列夫的笑话,诺贝利甚至扬言:"如果门捷列夫肯向我赔罪,我将无条件地提供他实验所需的所有材料以及经费。"诺贝利提出的条件真的挺诱惑人的,尤其诱惑这个对科学着迷的化学家。但是向他赔罪,就代表以前所做的努力全部白费,人们的利益又要受到他们的控制,门捷列夫毫不犹豫地拒绝了诺贝利的提议。

　　他选择了一个条件相比之下比较好的小的石油业主,到那里进行他的科研。这样一来,困难大了很多,但是门捷列夫没有低头,他首先对石油成分进行提炼加工。

　　好人总会有好运的,不久,门捷列夫得到了邀请,邀请他到拉果金的石油蒸馏厂进行研究。

　　门捷列夫用了 3 个月的时间,成功地利用蒸馏水做了大量的石油馏分实验,确定了所得分馏物的密度、沸点等主要性质。

　　1882 年,门捷列夫作了演讲《灯的问题和重油原料》,他指出,依靠科学技术,俄罗斯的石油工业不会比美国差,产品成本也会降下来。

1885 年,门捷列夫又写了《论石油》。他认为石油可以通过无机物生成。可以毫不客气地说,俄罗斯石油事业的发展和门捷列夫兢兢业业的工作是分不开的。在整个过程中,他一不求钱,二不为利,他首先考虑的是俄罗斯的民族利益,他是为了千千万万俄罗斯人民的共同利益而战的。

愤然辞职抗议

19 世纪末的俄罗斯还是一个实行着愚昧而顽固的农奴制的国家,它在亚历山大三世的君主专制统治之下,对社会自由化浪潮加以遏制。

早在 1881 年 8 月,亚历山大三世继位之初,就颁布诏书规定了一系列强化社会治安、加强君主专制的措施,并明确宣布了全国进入紧急状态的几种情况。此外,还加大了对罢工、游行等活动的惩罚。鉴于教育机构,尤其是大学,是自由思想的策源地,亚历山大三世取消了亚历山大二世给予大学的自治地位。

1850 年,他们怕哲学教授们在课堂上传播革命思想,竟然取消了大学里的哲学课,还把逻辑学和心理学转到神学系上来,因为这里的教学是受圣主教公会监督的,不可能有什么革命思想传播,他们大可以放心。

沙皇及其官僚对革命的恐惧有时达到非常可笑的地步,尼古拉一世就非常害怕西欧的革命思潮会通过自然科学教材和教

授们的讲解传播开来。

有一次,他参观了积极地引进西方科学的哈尔科夫大学,对教授们提倡西学非常不满,他愤愤不平地表示:"要紧紧关闭通往西方的所有窗口。"

可笑的是,他一离开,哈尔科夫教育区的督学居然马上下令堵死校园内所有朝西的窗户,而且一堵就堵了将近70年!

由于俄罗斯上层统治集团推行的逆向改革措施,钳制了思想发展,因此,严重阻碍了教育普及,影响了国民素质的普遍提高。为此,大学生组织了多次学潮,门捷列夫的正直、求实,不愿苟合,都使他在遇到反专制的学潮时,坚定地站在学生一边。当然,这些举动也使统治者感到极不舒服。

1879年,门捷列夫由于支持圣彼得堡的学生运动,被列入暗探局的黑名单,在一份暗探局呈交给沙皇的报告中写道:"如果学生方面再发生任何示威游行,就将门捷列夫等人逐出圣彼得堡。"沙皇的批示是:"做得好!"

学生的激情是遏制不住的,由于莫斯科大学学生被捕,圣彼得堡大学的学生于1890年3月18日又一次举行大规模的学潮。他们举行集会,讨论向政府提出高等教育民主化要求和拟定请愿书的问题。

请愿书的要求很简单,只有下面几条:第一,根据学校章程选举校长和教授,成立学校法庭和学生法庭,承认学生社团。

第二,所有中学毕业生,不论信仰和社会地位,不需要秘密鉴定,都可以自由进入大学。

第三,教授们有授课的自由。

第四,取消检察院的警察职能,禁止降低工资,恢复圣彼得堡大学的科技文献协会和学生阅览室。

一切准备就绪后,学生们邀请教授们参加了这个会议。学生们的爱国热情感染了门捷列夫,当学生们决定请他们所敬爱的门捷列夫老师把请愿书递交给教育部部长捷良诺夫伯爵时,门捷列夫二话没说就接受了这个任务。门捷列夫心里十分明白,眼下是亚历山大三世统治的最黑暗的年代,是一切稍有生气的事业都受摧残和压迫的年代。担负这个递交请愿书的任务是不容易的。

望着学生们一张张充满期望的脸,门捷列夫心中又生出了追求真理、为真理而战的宁死不悔的决心,他郑重地保证:"同学们,我首先是一个老公民,我一定把请愿书递给捷良诺夫部长。"

自从门捷列夫把请愿书交给捷良诺夫以后,大家都在翘首企盼。可一天的时间马上过去了,没有任何音讯;等到了第二天,眼看也要过去了,就在黄昏时分,门捷列夫终于接到了一封由捷良诺夫寄来的信。

众人簇拥着门捷列夫,看着他非常严肃地缓缓拆开信封,大家屏住气,集中精神,紧张地注视着信封中的信件。

当门捷列夫打开那封信,大家看见其中的内容时,都愤怒了。原来这是学生们用真情所写的请愿书,竟然被退了回来。上面还用红笔批道:

国民教育部长命,请愿书退还给现任五等文官门捷列夫教授,因为部长以及为圣上效劳的任何人员都无权接受此项请愿书。致门捷列夫阁下。1890 年 3 月 20 日。

门捷列夫面对着这打着官腔的一纸批文,愤怒至极,毅然辞去圣彼得堡大学教授的职务以示抗议,并于夏季由大学迁往新寓所。

当捷良诺夫拒绝宣读请愿书和门捷列夫辞职的消息传出后,大学生运动的反专制情绪更加高涨。学校当局把警察带进了学校,对学生进行了血腥的镇压,逮捕了许多人,抗议被镇压下去了。

物理数学系主任向圣彼得堡大学校委会提交由大学50位教授和全体老师签名的请愿书,强烈要求门捷列夫留下。这封信是写给门捷列夫的:

> 尊敬的德米特里·伊万诺维奇·门捷列夫,校委会得知您打算离开我们学校,这个消息不能不让您所有的同事大吃一惊,他们已经习惯于把您当作圣彼得堡大学的一个门面。我们认为您是我们圈子里的人。我们因此而骄傲。我们深信,失去您这样伟大的科学家对我们学校的实力不可能不造成重大影响。因此,校委会一致决定恳请您收回离开学校的打算。愿您不会对我们热忱的恳求无动于衷。

看完这封感情真挚的来信,门捷列夫的心暖暖的,但是他离开学校的心意已决。他谢绝了大家的好意,在一片白色恐怖的气氛中,举行了离开圣彼得堡大学的最后一次讲演。

望着台下那无数双热情真挚的眼睛,面对着成千上万热爱着他也被他热爱着的学生,他的眼睛湿润了。这里曾经是他的希望,是他最挚爱的一片热土,可是过了今天,他就要永远地离开这里了。

在这最后的讲演中,门捷列夫想的还是教育,还是他深深热爱着的学生们。

他说:"建立大学的目的不只是为获得文凭、学习课程,这仅仅是一个方面。大学唯一的真正的精神是对真理纯粹、完美的理解。"

带着太多的不舍,带着太多的遗憾,门捷列夫结束了他的讲演。在离开之前,他对大家说:"祝愿你们能够通过最平和的方式找到真理。由于众所周知的原因,我恳切地请求大学:在我退席的时候,不要鼓掌。"

在一片寂静的肃穆中,人们目送着门捷列夫的背影消失,大家觉得他的背因为长期工作更驼了,他的头发因为日夜操劳更白了,可是他的形象却因为人格的魅力,变得更加的高大了。

别了,亲爱的圣彼得堡;别了,可爱的同学们;别了,三尺讲台;别了,我心爱的实验室;别了,工作了 33 年的圣彼得堡大学。在这里执教的 33 年当中,门捷列夫始终是精神饱满、热情百倍地辛勤工作着,却没有受到重视,相反一次次地遭到排挤。

门捷列夫的一切美好计划和希望都和这所大学分不开。当个人所遭受的不公正待遇成为整个社会悲剧的缩影时,这种悲切的感觉刻骨铭心。门捷列夫干脆一个人搬到了一个名叫华西里耶的小岛上,离群索居。

这件事情同样引起了社会的极大关注,有很多人推测,门捷列夫在受到这次打击后会就此消沉,甚至有的人说,门捷列夫会放弃俄罗斯,到别的国家去搞科研。

这些推测不是空穴来风,当初的门捷列夫确实是消沉了一

段时间,但是这台开足了马力的机器,怎么能够彻底地闲下来呢? 当初确实有很多国外的知名院校邀请门捷列夫前去讲学,进行实验研究等,但是爱国情怀如此深厚的人,怎会放弃自己的祖国呢?

研制先进的火药

1890 年,在门捷列夫离开圣彼得堡大学,迁居到华西里耶小岛不久,他接到了海军部的请求,希望他研制一种供海军舰队 121 径枪炮使用的新型无烟火药。

门捷列夫兴冲冲地离开了那个与世无争的小岛,回到了他长期工作生活的城市——圣彼得堡。对于他的归来,波波娃没有一点的惊奇,她甚至提前准备了门捷列夫最爱吃的小菜。

门捷列夫看着温馨的家,看着贤惠的妻子,想到自己在小岛上的苦闷,眼圈红了。

波波娃接过门捷列夫手中的行李,对他说:"早就知道你在那个小岛上待不久的,只是没想到你这么早就回来了,否则还要找几个朋友为你接风呢! "

"你怎么知道我要回来啊? 当初我走的时候可是非常坚决的。"门捷列夫好奇地问。

"我是你的妻子,我还不了解你吗? 你能够容忍贫穷落后,可是你却忍受不了无所事事的苦闷。否则,当初我怎么肯同意你一个人去那里呢? "

门捷列夫见妻子如此了解自己,感到非常欣慰。

"米嘉，你今后有什么打算吗？"

"哦，我应海军部的请求，准备研究一种新型的无烟火药。"门捷列夫一谈到工作，兴致又上来了。

"可是……为什么要替政府工作啊？难道他们对你的伤害还不够吗？"波波娃担心地说道。

"政府并不能代表俄罗斯啊！我研究无烟火药不是为了政府，而是为了整个俄罗斯，它们的性质是不一样的。我不能为了自己的私愤，而耽误了祖国的大事。"

"这究竟是何等宽广的胸怀啊！这究竟是多深的爱国情怀啊！"波波娃深以门捷列夫为荣。

波波娃好像想起了什么，有些困惑地问："无烟火药？海军让你制造火药是不是为了战争啊？你不是最讨厌战争的吗？"

"是啊！我希望世界充满和平，所以我才会答应海军部关于研制新型火药的要求。只有军事力量得到了提升，才能够结束战争。"

门捷列夫顿了一下，又说道："其实这项研究在我的眼中只是纯粹的化学研究，我只是尽一个科学家的义务。"

"那我就放心了。米嘉，加油啊！"

得到了家人的支持后，门捷列夫开始了无烟火药的研究工作。

最早的火药和炸药是有烟火药，直至19世纪才出现无烟火药。无烟火药指爆炸时产生较少固体残留物的火药。无烟火药燃烧后没有残渣，不发生烟雾或只发生少量烟雾。使用无烟火药可以增加弹丸的射程，提高弹道平直性和射击精度。无烟火药的诞生为弹药的开发铺平了道路。

1845年的一天,瑞士化学家舍恩拜做试验时,不小心把盛满硝酸和硫酸的混合液瓶碰倒了。溶液流到桌上,一时未找到抹布,他赶紧出去,拿来了妻子的一条棉布围裙来抹桌子。围裙浸了溶液,湿淋淋的,舍恩拜怕妻子看见后责怪,就到厨房想去把围裙烘干。没料到,靠近火炉时,只听得"扑"的一声,围裙被烧得干干净净,没有一点烟,也没有一点灰。

舍恩拜大吃一惊。事后,他仔细回忆了经过,顿时高兴万分。他意识到,自己已经合成成了可以用来做炸药的新的化合物。为此,他多次重复了实验,肯定了结果无误,遂将其命名为"火棉",后人称之为硝化纤维。但是,用舍恩拜发明的硝化纤维生成的火药很不稳定,多次发生火药库爆炸事故。

1884年,法国化学家、工程师维埃利将硝化纤维溶解在乙醚和乙醇里,在其中加入适量的稳定剂,成为胶状物,通过压成片状、切条、干燥硬化,制成了世界上第一种无烟火药。

要把无烟火药投入实战,就必然得加快炮弹的初速,并相应地扩大枪炮的射程,这样必须设法降低炮筒、枪管内的最大压力。无烟炸药比原来使用的有烟炸药燃烧得慢,所以在这方面很有优势。

19世纪90年代初,欧洲国家的军用步枪弹基本上从大口径黑火药枪弹演变为较小口径无烟火药枪弹。重机枪也是因为使用了无烟火药才具有了实用价值。

大多数无烟火药的主要原料,是用硝酸和硫酸清洗纤维素的产物——火棉。一些国家已经制造出了性能比较优异的无烟火药,但是,由于涉及保密,俄国的有关资料非常少。门捷列夫对于火药的知识知道得甚少,现在,当务之急是要了解火药的生产原料、生产流程等。

当时的英国,在无烟火药方面处于领先的地位,于是,门捷列夫和工作伙伴叶尔佐夫以及一名海军中校前去伦敦进行考察。

1890年6月初,门捷列夫他们一行3人乘船出发,来到了伦敦。由于门捷列夫以前曾多次代表俄罗斯到伦敦参加学术会议等,所以他在这里有很多的熟人和朋友。

门捷列夫的这些朋友大多是化学界的精英,他们或多或少地为门捷列夫提供了一些无烟火药的知识。其中,爱迪森给他的帮助最大。

爱迪森的童年和青年时代都是在俄国度过的,他还在圣彼得堡一所中学读过书,因此他精通俄语。他是英国火药行业的高手,深受尊敬。当时他已是一家军械制造厂的厂长,手头掌握着所有有关无烟火药的资料。

门捷列夫在很久以前就认识了爱迪森,因此他希望后者能给他提供帮助。爱迪森总是热情地接待门捷列夫,给了他应有的帮助。

爱迪森告诉门捷列夫:1890年,英、俄海军部门之间曾达成互换火棉火药样品的协议。他们交流了生产无烟火药的工艺,对样品进行了射击实验。但是,这种无烟火药还未达到完美的程度,射击后炮身前边还残留未燃烧的火药条。

门捷列夫去爱迪森的军械制造厂,参观了其火药的生产情况,他还访问了有关研究无烟火药的实验室,并阅读了大量的文献、记录,分析了一切对使用火药有用的东西。

随后,门捷列夫他们3人又从伦敦直接去了巴黎,在那里,

门捷列夫搞到了法国无烟火药的样品。

这次出国考察的收获是极其丰富的,门捷列夫他们几乎得到了制作无烟火药所有必需的和可能了解到的信息。门捷列夫了解了羰基镍并研究了它的基本属性,他注意到了不同掺入物对炮药的影响。同时他还指出,应该完善发射压缩空气和汽油混合物的大炮,使炮弹出膛的瞬间燃烧加剧。

回国之后,门捷列夫马上开始实验。在他出国之前,海军部部长曾答应,建立一个专门的海军科技实验室,供他进行火药研究。但是,门捷列夫回国后,这个实验室才刚刚开始建设。

门捷列夫的心情是急迫的,他已经等不及实验室的建成了。于是,他回到早已习惯了的圣彼得堡大学实验室,以火棉为原料开始制造和试验无烟火药。

当时,世界上的火药主要分为两种,一种是火棉火药,另一种是火棉硝化甘油火药。这两者看上去没有什么区别。

1895 年,门捷列夫发表论文《火棉火药》,详细地分析了上述两种火药。火棉火药主要成分是火棉,即高度硝化的纤维素,内含 12.7% ~ 13.5% 的氮和 57% 的氧。火棉不溶于酒精和醚的混合液,因此不能成凝胶状。

要用火棉制造火药,必须向它里面加一些可溶于酒精和醚混合液的较低级硝化的纤维素,使之凝成胶状,并把酒精和水蒸发后的剩余物加工成一定形状,因为未凝成胶状的火棉很容易爆炸。火棉硝化甘油火药中除了含氮量为 11% ~ 13% 的硝化纤维素,主要成分是硝化甘油,占总质量的 40% ~ 60%。

这两种火药的冲击力大致相同。但是,必须让火药的类型与武器的类型相适应。这是一项细致的工作,它不光要求火药的比例相当,还要求它的颗粒或条块大小适宜。

门捷列夫清楚地知道,要解决这个问题,必须研究硝化过程的化学方面和准确确定硝化程度不同的纤维素的成分。因此,他从火药的主要材料硝化纤维素入手,开始研究。

结果,门捷列夫仅用了一年多的时间,在1891年就研究出一种新的无烟火药。

他描写这种火药说:"这种火棉胶应该认为是一种新的、至今实验中还无人知道的硝化纤维,是含氮约13%的低氮硝化纤维素和含氮约11%的用以封闭小切口的药用火棉胶,中间的混合中性物质。"

所以,门捷列夫把这一类型硝化纤维称作低氮硝化火棉胶。

1892年,海军科技实验室对火棉继续进行全面研究。他们确认,低氮硝化棉胶火药很容易做成任何尺寸的颗粒状和条状。只要在每一种情况下都使用相应大小的低氮硝化棉胶颗粒,它就可以成功地用于不同口径的枪炮。

在这一年的春天,海军部进行了口径相对较小的速射炮射击试验,结果很成功。门捷列夫所制造的火药能够均匀而迅速地燃烧,大大超过了国外应用的火药。

按理说,俄罗斯有了这么先进的火药,在第一次世界大战的时候就不应该再向美国进口无烟火药了,但事实正好相反。"一战"的时候,俄罗斯向美国进口了数千吨无烟低氮硝化棉胶火药。

这是怎么回事呢?难道门捷列夫当初研制的无烟火药,有着这样那样的缺点,没有办法在实际应用中施展它的威力吗?

当然不是,1893年俄罗斯的军事专家对低氮硝化棉胶火药进行了必要的试验,然后进行了各种口径的大炮射击试验。射击

的结果非常好,表明低氮硝化棉胶火药能够给炮弹提供非常一致的初速。

当时,由于海军部门和陆军主管部门,都在秘密研制适合大口径枪炮的无烟火药,而这两个部门间却没有进行必要的沟通联系。不幸的门捷列夫成了这两个部门争功的牺牲品。

他向海军部部长提交了《关于低氮硝化棉胶火药》的报告书,详细地描述了实验室研究结果和火药的试验情况。这份报告被送到陆军部去鉴定,结果它落到奥赫金斯克工厂手里。

不久,奥赫金斯克工厂生产出一种"俄罗斯"火药,并称其性能比门捷列夫的低氮硝化棉胶火药还要好些。他们还宣称,门捷列夫研制出的低氮硝化棉胶火药,是他们以前已经研究过的,抹杀了门捷列夫的新思路。

对于这些诽谤,门捷列夫立即作出了反应,他要求对低氮硝化棉胶火药和"俄罗斯"火药进行对比试验,不管谁好谁坏、谁先谁后,只要能够最终解决武器改造的根本问题就行。

但是,由于海军部和陆军部之间无休止地争吵,门捷列夫的提议到最后也没有能够得到执行,同时低氮硝化棉胶火药的生产也告一段落。

这次事件比那次学潮带给门捷列夫的打击还要大,他愤然离开了海军部。但是,低氮硝化棉胶火药毕竟是他的心血结晶,门捷列夫时刻关注着它的命运。门捷列夫最害怕的是这种火药渗透到国外,最后带给俄罗斯伤害。

事实不幸被门捷列夫言中了。出于利益的关系,这种火药的秘密被某高级官员卖到了美国。

第一次世界大战的时候,美国的杜邦公司利用这种低氮硝化棉胶火药,狠狠地赚了俄罗斯一大笔钱。

其实,除了军事上的用途以外,门捷列夫认为低氮硝化棉胶火药还有和平用途,如用于摄影、外科学、黏合和制作赛璐珞等。他还发现,在生产人造丝的过程中也可以使用低氮硝化棉胶。把低氮硝化棉胶的凝胶块在水中挤压后,再进行多次硝化处理,就可以得到很多细线。这种用途逐渐导致了后来高级纤维的普及。

促进度量衡发展

俄罗斯痛失了一个火药方面的专家,却多了一名富有改革精神的度量衡局长。

门捷列夫离开海军部后,深知门捷列夫才能的财政部部长随即推荐了他。1893 年,门捷列夫担任了俄罗斯"标准度量衡贮存库"的库长。

作为一名科学家,尤其是化学家,门捷列夫非常清楚在科研中确定准确数据的意义,所以他一直对测量各种大小和度量衡的实际问题有着浓厚的兴趣。

早在 1868 年,门捷列夫就在自然科学家第一次代表大会上,作了《关于度量衡体系的声明》的报告。他号召与会者在科研中、高等学校教学中,使用十进位度量衡制,号召在科学办公室和实验室配置十进位计量器材。他还说:"我们要让我们的学生相信必须使用这一体系。"

接任了标准度量衡贮存库的库长以后,门捷列夫对全国的度量衡制度进行了考察。他痛心地发现,虽然全国的度量衡是统一的,但是各地市管局存在着大量的滥用职权和玩忽职守的行为。他们授权给看门人,让他们随意在秤砣和尺子上打印。有的地方的标准样品干脆就是假的。很显然,必须改善一下国内通行的整个度量衡体系。

不久,门捷列夫以统一度量衡能够起到团结各民族人民的作用为由,请求财政部将标准度量衡贮存库改为度量衡总局,这是一个专事科学调查研究的机构。同时他还提议在国内建立一整套的检查局网络系统,它们应当受总局全权管辖。

1893年,门捷列夫改组样品库的申请被批准,从7月1日起,他被任命为度量衡总局的局长。

1894年,门捷列夫开始了俄国计量原器的重新打制工作,他还亲自去英国,督查在那里制造的半沙绳、俄尺、俄磅等衡器的制造情况,然后将所做样品与相应的英国及国际公制原器进行精确对比。

在门捷列夫的领导下,度量衡总局建立起了称量检验室、温度计检验室、电量检验室、光度计检验室、水量计检验室和气量计检验室。建这些实验室的同时,门捷列夫开始推行度量衡标准并建立新的检查监督体系。1899年,俄罗斯推行了《度量衡条例》。

门捷列夫以他广博的知识和出色的组织才能,用6年时间使度量衡的精确度达到了先进国家需用15~20年才能达到的水平。其中称量的精确度达6位小数,而当时欧洲和度量衡改革之前的俄国只有4位小数。此外,在1899年,门捷列夫开始在俄罗斯推行国际上通用的计量单位——米制。

在担任度量衡总局局长期间,门捷列夫对海关税率产生了很大的兴趣,他认为海关的税率操作中随意性太大,这显然会对

俄罗斯的经济造成不良的后果。于是,门捷列夫在 1893—1899
年期间,写了《关税解说》一书。

这本书被当时的经济学家认为是纯经济类著作,给予了很
高的评价。但门捷列夫自己不这么认为。他在书的一开始就指
出:本书的目的在于弄清楚俄罗斯工业发展和关税税率之间的
关系,让人们熟悉商品的进口和出口,以及它们在俄罗斯和其他
国家的生产和消费情况。

书的结尾则指出:这本书能够唤起 100 个俄罗斯人对国家
总的需求的理解,我的使命也就完成了。

当时的俄罗斯,在经济方面推崇的是一种媚外的理论,他们
认为:既然我们需要的一切工业品都可以从国外换回来,那我们
发展工业还有什么用处呢? 所以他们积极地拥护自由贸易,反对
关税改革。

为此,门捷列夫不得不为保护关税制度而与他们进行交锋,
甚至有人还指责门捷列夫是极"左"路线。最激烈的一次,发生
在 1896 年召开的全俄贸易工业代表大会上。

大会对进口俄国的农业机器和化肥的关税问题进行了讨
论。当时在俄国农用机器和工具的生产刚刚出现,保护关税政策
的反对者要求降低进口农机具的关税,因为他们认为进口农机
具会促进农业发展,提高粮食和其他产品的产量。

门捷列夫给以强有力的反击,他举例说:俄罗斯产白金,把
白金卖给英国人,再从英国人那里买成品,经过这一倒手,英国人
的利润就是产品出口价格的两至三倍;又如俄罗斯的锰矿,出口
矿石的价格只有出口合金价格的 1/5。

他反问那些反对者们:"为什么你们要把钱白白地让给那些

外国人呢？为什么你们不能把本国的工业搞上去呢？"

门捷列夫接着又说："自然界给予我们的资源是有限的，没错，我们的祖国地大物博，但是，如果总是开采，那么也会有枯竭的那一天。请问，到时候你们拿什么出口？拿什么赚钱呢？"门捷列夫的话问得那些反对者们哑口无言。

门捷列夫所做的这一切，只有一个出发点，那就是爱国。如果那些所谓的上层们，能像门捷列夫一样热爱自己的国家，那么俄罗斯的经济要比现在先进一二十年，甚至100年。

把科学视为生命

虽然门捷列夫由于种种原因不能进行科学研究了，但是他没有放弃对科学的热爱，他密切地关注着各国的科学家在物理、化学王国里收获的一个个激动人心的硕果。

在门捷列夫研制成元素周期表的初期，曾经有这样那样的问题困扰着他，比如，为什么元素性质会随着原子量的递增而做周期性的变化？为什么原子量一些很小的变动会引起元素性质上的极大变动？

当时门捷列夫认为，努力揭示出决定元素所有性质的质量的本质是什么，便能引导科学直接走向目标。为此，他一直致力于研究质量和引力的本质。同时，门捷列夫觉得弄清原子的复杂结构和元素相互转化的规律，似乎也能解释上述问题，但是他没有为此进行深入的研究。

19世纪末，X射线、放射性、电子等一系列新发现，重新把原子的复杂结构和可转化性的问题提到议事日程上来。

先是德国物理学家伦琴发现了"X"射线。然后，法国物理学家贝可勒尔发现了物质的放射现象。接着，英国物理学家汤姆逊测定了电荷和质量的比值，并把这种粒子称为电子，在此基础上，又提出了原子结构的假说。这种假说是对"原子是物质可分的最小微粒"学说的巨大挑战。之后，居里夫妇发现了一种能自发地射出很强的射线的元素——镭。继而，英国物理学家卢瑟福又发现镭的射线分成3部分，并分别命名为 α、β、γ 射线。

这所有的一切都让门捷列夫瞠目结舌："不，这不可能，原子是物质可分的最小微粒，它不能够再向下分解了，元素之间怎么能够转换呢？这简直是天方夜谭！"

门捷列夫也把这些学说视为异端。他说："只有去利用周期律这有力的武器，而不必去求对它的内在实质的解释，就像不知万有引力的原因，仍可利用万有引力定律一样。"

他还建议化学家们："最好还是把自己的研究限制在不变元素的研究里。"

这位60多岁的老人，多年来，曾经一直笃信牛顿定律的权威性，一直致力于把物理和化学结合起来，即把元素的化学性质和它的物理性质联合起来。这种想法促成了他对元素周期律所做的贡献。然而，科学上的任何理论都是一步步地向真理逼近，而不是真理本身。

科学真的不会为任何人停下它的脚步，当年站在科学前沿的门捷列夫居然也像他的老师对他一样，对现在的后生晚辈的研究予以否定。难道他真的老了吗？

门捷列夫引以为荣的元素周期表，在这个时候也受到了很

大的冲击。

1894年，英国物理学家雷利用两种不同的方法制取氮气，测定出来的氮气密度并不相同，两者相差0.0064克／升。雷利在百思不得其解的情况下，只好在1892年9月29日的《自然》周刊上，公开征求答案。

化学家拉姆塞欣然与雷利合作，他们除去了空气中的氧气、氮气、二氧化碳和水蒸气，最后残留的未知气体的体积为原来空气体积的1／80。通过对未知气体进行光谱分析，确认它是一种新元素。这种新元素后来被命名为氩。

拉姆塞和雷利得到了克鲁克斯英和欧尔任斯基波的帮助，获得了一定量的液态空气，他们利用液态空气产生的低温将氩气液化，测得氩气是单原子分子，分子量为40。

法国科学家布瓦博德朗听到氩被发现的消息以后，不久即预言，这种新元素应隶属于稀有气体的元素族，他认为族中各种元素在当时虽尚未被发现，但是这些元素的原子量应为20.0945、36.40±0.08、84.01±0.20、132.71±0.15，并预言其中第一和第二两个元素应较其他各元素的存在量丰富。

实际上早在1868年，有一位法国天文学家严森法去印度观测日食的时候，就首先在太阳色球中观察到一条黄线D_3，这和早已知道的钠光谱的D_1和D_2两条线不相同。同时，英国的天文学家洛克耶也观测到太阳全食时的这条线。当时就有天文学家认为这条线只有太阳才有，并且还认为是一种金属元素，所以就把这个元素取名为helium。

前后经过了20多年，人们才知道，这种元素地球上也有，并且是非金属。中文译成氦的时候，已经是20世纪了。

从 1895 年 4 月起,拉姆塞跟特拉弗斯合作,证实了氦元素也是一种稀有气体。拉姆塞在发现了氩和氦后,研究了它们的性质,测定了它们的原子量。接着,他考虑它们在元素周期表中的位置。按照原子量的大小,氦应当排在氢和锂之间,但是应当把它归在哪一类呢? 在当时除了氩以外,它跟以前发现的任何一种别的元素都不相似。

拉姆塞在给雷利的信中写道:"你可曾想到,在周期表第一行最末的地方,还有空位留给气体元素这一件事吗?"他建议在化学元素周期表中列入一类新的化学元素,暂时让氦和氩做这一类元素的代表。后来就称为零族元素。

拉姆塞和特拉弗斯把大部分液态空气沸腾离去后所遗留的残余物贮存起来,就用红热的铜和镁将残留的氧气和氮气除去,他们检查留下的气体,观察它的光谱。只见一条黄色明线,略带绿色,还有一条光辉的绿线,这线也绝不和氩、氦或氢等气体的谱线位置相重合。

他们两人在 1898 年 5 月 30 日发现了这个新气体,命名为氪,含有"隐藏"之意。这新气体在周期表上的位置恰居溴和铷两个元素之间。

在周期表上,氪虽然是零族中的新元素,但并非他们所希望的那个元素。他们所渴望寻得的,应该是出现于氩中的挥发性更强的那部分。于是,他们继续寻找这较轻的气体,用减压下沸腾的液态空气围绕氩,使氩液化,然后使其凝固,又使氩挥发掉,再收集其最先逸出的部分。

这一部分气体有复杂的光谱。拉姆塞在笔记本上这样写道:"这是最轻的一部分。它具有极壮丽的光谱,带着许多条红线,许

多淡绿线,还有几条紫线。黄线非常鲜明,在高度真空下,依旧显著,而且呈现着磷光。"

特拉弗斯说过,他们在真空管中检验气体挥发性最强的一部分时,早已深信,他们已发现了另一种新气体,所以他说:"由管中发出的深红色强光,已叙述了它自己的身世,凡看过这种景象的人,是永远不会忘记的。过去两年的努力以及在全部研究完成以前所必须克服的一切困难,都算不了什么了。这个未经前人发现的新气体,是以戏剧般的姿态出现的。至于这种气体的实际光谱如何,目前尚无关紧要,因为就我们所看到的,世界上还没有别的东西能比它发出更强烈的光来。"

这就是1898年6月所发现的气体,也是现在大家知道的"霓虹"——氖。

1898年7月,由于获得了新式空气液化机的帮助,拉姆塞和特拉弗斯制备了大量氪和氖,把氪反复地分次萃取;从其中又分出一种新的气体,取名氙,含有"陌生人"的意思。若是把它封藏在空管里,通电后即显示出美丽的蓝色强光。

再接着谈一下氡。氡是一种具有天然放射性的稀有气体,它是镭、钍和锕这些放射性元素在蜕变过程中的产物。因此,它只是在这些元素发现后才有可能被发现。

早在1900年,居里夫妇研究镭化合物的时候,就曾发现镭的化合物放置在空气中后,空气本身也变得具有放射性了。截至1903年,德国的纪塞尔和德比尔纳又从锕中发现一种射气,于是,它们就分别被称为钍射气、镭射气和锕射气。

1903年,拉姆塞对钍射气、镭射气和锕射气进行了初步探索。1908年,经过拉姆塞等人辛勤而努力的劳动,确定镭射气本身是一种新元素。他们把它称为 niton,原意是"发光"的意思,因为它在黑暗中能够发光,并且能使某些锌盐也发光。两年后,拉姆塞又和格雷合作,共同测定了它的原子量为 222,确定了它在元素周期表中所处的位置,是零族的最后一种气体。

1923 年国际化学会议上决定,由放射性蜕变所产生的气体物质以"-on"为字尾而命名,即镭射气称为 radon,钍射气称为 toron,锕射气称为 actinon。由于镭射气是这些同位素中最稳定的,因而它成为这一元素的名称。radon 就代替了拉姆塞的 niton,我国音译成氡,它的元素符号是 Rn。

氦、氖、氩、氪、氙、氡这 6 个元素自成一列,被称为零族元素。这一发现又一次证明了周期律的正确性,也使它更加完善。

被门捷列夫认为完美无缺的元素周期表,被后人进行了进一步的完善。门捷列夫既喜又悲:喜的是自己最宠爱的孩子,能够更加健全;悲的是,他坚持的"化学研究应当以周期律为依据,而不应该研究那些能够变来变去的元素"理论,被彻底推翻。同时他还有着深深的遗憾,作为元素周期律最初的发现者,却只能目睹周期律完善的全过程,而不是参与其中。

每当门捷列夫情绪不稳定的时候,他总是喜欢去涅瓦河边倾诉,这次也不例外。

他望着那奔腾前进的河水,理了理那满头的白发,不禁问自己:"米嘉,你是不是真的老了?你的思想跟不上时代的潮流,你的脚步追不上前进的车轮,你是不是该退休了?"

一种悲哀的情绪在门捷列夫的心里蔓延开来,这时河对岸的一对年轻父子映入了他的眼帘。那孩子的童真,父亲的朝气,让他仿佛又看见了当初的自己。

"米嘉,这种悲观不是你的性格,你也年轻过,你也辉煌过,现在的你只是因为一时的偏执。想当初齐宁老师,也不是和你一样错了吗?但这又何妨,改过来,继续在正确的道路上前进,你还会有所成就的。"

经过自己打气,门捷列夫又树立了信心,他决定继续自己念念不忘的理想,继续科学真理的追求。

无论是谁都不能保证永远是正确的,所以我们也不能苛求这位化学天才。虽然在这个方面他是有些陈旧了,但是在其目前所从事的事业上,他依然是佼佼者。而这一点,并不是每个人都能做到的。

1897 年出版的《化学原理》卷首插图,门捷烈夫摄于 1890 年。

辛勤地工作到最后

1899 年,已经 65 岁的门捷列夫不顾身体的不适,长途跋涉到乌拉尔,研究乌拉尔冶铁工业。

这次去的主要目的是调查那里的钢铁工业为什么发展迟缓。和门捷列夫同去的,还有大学里的矿物学家、海军科技实验室主任的助手及度量衡总局的工作人员等。

门捷列夫发现,虽然沙皇于 1861 年已经废除了农奴制度,但是在这个重要的工业区内,农奴制关系的严重残余还可以在各处都感觉得到。而这,直接导致了钢铁工业发展的迟缓。

门捷列夫完成自己的工作后,顺便回了趟家乡托博尔斯克镇。

当门捷列夫的脚步踏上这块熟悉的土地时,他的眼泪止不住地流了下来。从他和母亲玛利娅及姐姐丽莎离开这里去莫斯科求学,到现在已经整整 50 年了。

人人都说叶落归根,年纪大了,思乡之情就会更加浓厚,门捷列夫也不例外。随着年龄的增长,故乡的一草一木总是在他的眼前晃动,如今他终于回来了,他大声高呼:"亲爱的故乡,您的儿子米嘉回来了!"

门捷列夫先去了自己曾经居住过的房屋,那里为政府改造,早就面目全非了。但是站在那里,门捷列夫仿佛还能看见眼睛不太好使的父亲伊万在帮他温习功课,仿佛还能看见哥哥、姐姐们在那里做作业,而自己乖乖地坐在旁边。

门捷列夫又来到了他中学时候的母校托博尔斯克中学,他在这里转了一遍,惊喜地发现自己幼年的一张照片竟然被摆在橱窗里,而且上面写着:"从这里走出去的俄罗斯最伟大的化学家——德米特里·伊万诺维奇·门捷列夫。"

"天啊,我竟然成了这里的榜样了!如果爸爸妈妈还活在人世,他们肯定会笑得合不拢嘴的!"门捷列夫想着想着,不知不觉地笑了。

门捷列夫想起了中学时代的生活,想起了自己所敬爱的数学、物理教师鲁米里,历史教师多伯罗霍托夫,还有俄语老师叶尔绍夫。"不知道他们怎么样了?是不是还都健在啊?"想着这些

问题,门捷列夫来到了校长室。

当校长看见自己学校的骄傲——德米特里·伊万诺维奇·门捷列夫竟然回到了这里,激动得语无伦次。他连忙邀请门捷列夫给全校师生进行一次讲演。

门捷列夫要进行讲演的消息一传出,整个托博尔斯克镇都轰动了,不仅是托博尔斯克中学的师生都来了,而且附近的人们也都蜂拥而至。

看着这些既陌生又熟悉的面孔,门捷列夫的心情也非常激动。他简要地叙说了一下自己的经历,然后把重点放在了教育上面。听讲演的人都沸腾了,掌声、欢呼声不绝于耳。

第二天,门捷列夫去拜访了唯一健在的叶尔绍夫老师。

当叶尔绍夫打开房门时,门捷列夫怀着激动的心情,深情地喊了一声:"老师,您好!"

此时的叶尔绍夫已经80岁了,眼睛有些昏花,他看了半天,才认出眼前这个头发花白的老人,竟然是自己50多年前最钟爱的学生门捷列夫。

叶尔绍夫高兴得双手直颤抖,连忙把门捷列夫让进了屋里。

这师生二人共同回忆起门捷列夫上学时的趣事,他们笑声不断。谈起原来相识的老师一个个地都已经逝去了,他们又黯然神伤……

在叶尔绍夫老师家,门捷列夫整整逗留了一天,直至天色已经黑了,才恋恋不舍地离开。

第三天,门捷列夫去了原来母亲开的那个小玻璃厂的旧址,虽然一切都已经面目全非,但他还是在那里徘徊了很久。

那个小小的玻璃厂,曾经是他全家的经济来源;那个小小的玻璃厂，曾经是他化学的启蒙地；那个小小的玻璃厂，曾经是他苦难童年的见证。

由于考察的时间紧迫，门捷列夫在托博尔斯克只待了3天就匆匆地回去了。踏上故乡这片土地的时候，门捷列夫的心情是兴奋的；离开这片土地的时候，他的心里充满了惆怅。

"再见了，生我养我的故乡！米嘉走了，但是我会时刻地想念你。你放心，我会尽我最大的努力，让你变得繁荣与富强！"

考察结束后，门捷列夫一行人回到了圣彼得堡。门捷列夫先去了母亲的墓地，将自己的家乡之行向母亲汇报了一遍。然后就开始动手编写一部大型的著作《1899年乌拉尔冶铁工业》。

这部书是围绕整个乌拉尔之行编写的，里面描述了有意义的经济核算和统计资料及他们一行人访问工厂和矿山时所收集的材料、感受等。在第十七章，门捷列夫还特地讲述了故乡之行的经历。

除了编写《1899年乌拉尔冶铁工业》以外，门捷列夫还向沙皇政府提出必须消灭农奴制残余，只有这样，俄罗斯的经济才能够得到快速的发展。但是他的提议遭到了激烈的反对。这个其实早就能够预见的结局，让门捷列夫终于认清了沙皇政权的本质，这是一个"不相信俄罗斯，也不爱俄罗斯"的政权。

当门捷列夫明白"用影响政府的方法来影响俄罗斯的经济"这一愿望纯属徒劳无益时，他决定辞去在国家机关中的一切职务，从而把注意力集中到准备出版自己的一系列著作这一工作上来。

门捷列夫老了。他再也不是那个稚气未脱四处求学的少年，也不再是目光炯炯、留着一头披肩长发的西伯利亚青年。

现在的门捷列夫一头白发,由于用脑过度,就连这白发也日渐稀疏。他的视力严重减退,他一生所挚爱的书籍,常常需要借助别人的双眼才能够看到。除此以外,他还经常咳嗽,双手不停地颤抖,严重的时候连笔都握不住。这时,门捷列夫想起了父亲的伟大之处,一个双目失明的人能够活得那样乐观向上,需要多么宽广的胸怀啊!

现在,门捷列夫也学会了用心灵眺望,因为父亲说过:心灵可以使眼睛在夜里看得很远。

门捷列夫这个众所周知的大化学家,他的化学方面的专著只有 40 种,仅占其所发表著作和论文总数的 10%。其余的,物理化学是 106 种,物理学是 99 种,工业技术是 99 种,经济与社会是 58 种,其他 29 种。

这个外表如此普通的老人,他是如何做到的呢?门捷列夫解释说,这全靠他的格言:

> 劳动吧,在劳动中可以得到安宁,而在其他地方是找不到的!享乐是自私的,它迟早会消失。只有为别人而劳动,才会留下永恒愉快的回忆。

在门捷列夫的众多成果中,最值得骄傲的无疑是元素周期律。为了拥有它的优先权,门捷列夫曾经进行过"保卫战"。

原来,由于元素周期律的成功和胜利,某些科学界人士挑起了争夺它优先权的"战斗"。德国人举出了迈尔的周期表,英国人拿出了纽兰兹的"八音律",法国人抬出了尚古多的"螺旋图"。

门捷列夫绝不否认他以前的和同时代的科学家在探索元素

规律方面所做的工作。

他说过:"周期律是由19世纪60年代末期已有的各种比较和验证过的资料中直接得出的,它也是由这些资料综合成的比较完整的表述。"

但是,既然发生了争论,门捷列夫也就不能再保持缄默,这并非为了个人,而是为了科学。他申明自己早在1869年3月就分发过周期表的单页,此后又发表过许多篇论文。

门捷列夫说:"定律的确证只能借助于由定律而引申出来的推论,这种推论,如果没有这一定律便不可能得到和不可能想到,其次才是用实验来检验这些推论。因此我在发现了周期律之后,就多方面引出如此合乎逻辑的推论,这些推论就能证明这一定律是否正确,其中包括未知元素的特性和修改许多元素的原子量。没有这种实验方法,就不能确证自然界的定律。

"无论是尚古多、纽兰兹或迈尔,都没有敢预测某些未知元素的性质,也未敢改变当时的'通用原子量';总之,他们没有像我这样从最初1869年就认为周期律是一个崭新的、能够包括一切事实而又经得起检验的自然规律。"

他的话铿锵有力,打得德国人、英国人和法国人都无话可说。现在,门捷列夫发现元素周期律的优先权,早已为全世界的科学家所公认。在元素周期律的探索者中,门捷列夫的确是站得最高、想得最深、看得最远的出类拔萃的杰出人物。

元素周期律给门捷列夫带来许多荣誉,但令人遗憾的是,并没有为他带来诺贝尔化学奖。

诺贝尔奖是以瑞典著名化学家、硝化甘油炸药发明人阿尔弗雷德·贝恩哈德·诺贝尔的部分遗产作为基金创立的。诺贝

尔奖包括金质奖章、证书和奖金支票。在遗嘱中,诺贝尔提出,将部分遗产作为基金,以其利息分设物理、化学、生理或医学、文学及和平5种奖金,授予世界各国在这些领域对人类做出重大贡献的学者。

1905年和1906年,门捷列夫都获得了诺贝尔奖提名,但最终都未获奖。

1905年,因为评审委员会中的一名委员认为,门捷列夫的贡献太过陈旧,而且已经众所周知。这与诺贝尔的遗嘱——"诺贝尔奖每年发给那些在过去的一年里,在物理、化学、医学、文学及和平事业方面为人类做出最大贡献者"不符,所以不应给门捷列夫颁奖。

1906年,法国化学家莫瓦桑由于在制备元素氟方面所做的杰出贡献,而以比门捷列夫多一票的优势,获得了诺贝尔化学奖。但在此之前,门捷列夫就预言了这些元素将被发现。

莫瓦桑的研究成果是从氢氟酸中分离出单质氟。由于氟有剧毒,所以在征服氟元素的过程中,有很多科学家为此献出了健康甚至生命。

莫瓦桑在身体健康多次受到威胁的情况下,仍然执着地坚持了下来,并取得了成功。这一成功不仅仅是研究的成功,更是生与死较量的成功,所以说,莫瓦桑获奖也不值得大惊小怪。

至于门捷列夫与诺贝尔化学奖失之交臂,那只能说是科学史上的一大憾事了。

然而,又有谁会想到,这位诺贝尔奖的得主莫瓦桑合成的人造金刚石竟然是假的。原来,他的助手对科学研究缺乏毅力和信心,在无休无止的、繁重的重复实验中,感到厌倦和烦恼,竟不顾科学的严谨和求实,把过去实验剩下来的一颗天然金刚石颗粒混入实验材料之中。当然,这是后来人们才发现的。

助手的这种卑劣的行径侮辱了莫瓦桑的盛名,如果这个真相早些时日被人们知晓,那么门捷列夫得到诺贝尔化学奖的奖章将是毫无疑问的事情。

随着年龄的增长,门捷列夫觉得时间越来越不够用,他多么渴望时间的指针能够停顿下来,让他能够完成自己的一个个设想,但是时间老人没有听见他的祈求,门捷列夫只能抓着岁月的尾巴,努力地和时间赛跑。

尽管门捷列夫的双手颤抖,眼睛也不行了,但他仍然口授由助手笔录编写自传,整理自己的著作。甚至在临终前3个星期,他还参与并讨论了乘飞艇到北极探险的计划。

1907年1月,门捷列夫以前的学生们到他的寓所来看望他,发现以前那个神采飞扬的老师脸色苍白、浑身无力地躺在床上。

大家心里感到很难受:"我们敬爱的门捷列夫老师,您怎么啦,生病了吗?"

"没什么,可能是前些天着了凉。看到你们,我真的非常高兴,如今的你们都已经长成大小伙子了。"门捷列夫欣慰地说。

"还大小伙子呢,我们都不小了,已经成家立业了!您也该休息一下了,您这辈子工作得够多了,您已经70多岁了,别再像以前那样拼命了!"

"你们真的长大了,知道心疼人了,谢谢你们的好意,我是该休息了。不过对我来说,最好的休息就是工作。"

然后,他还请同学们给他念《北极游记》听,一边听一边思考着。过了一会儿,他觉得稍微好了点,又挣扎着起来,伏在写字台

上,孜孜不倦地忙碌了起来。

此时,门捷列夫正在写《对认识俄国的补充》一书。这本书讨论的主要是英国、德国、法国、美国、俄国、中国的人口问题,他就俄罗斯与这些国家的未来发展关系、国防关系、经济贸易关系,发表了自己的许多不同看法。

1907年2月2日凌晨5时,俄罗斯伟大的科学家、教育家、爱国主义者门捷列夫与世长辞,享年73岁。

人们发现,他临死时手里握着一支笔,书桌上还摆放着那本未写完的《对认识俄国的补充》。

这位孜孜不倦的劳动者,矢志不渝地劳动到生命的最后一分钟。门捷列夫书房里的挂钟像是个精灵,它奇妙地停止了摆动,像是怕惊醒了这位劳累了一生的伟大的科学家。

"睡吧,我敬爱的主人,您是该好好休息一下了,您的一生已经为化学界、为科学界、为俄罗斯、为整个世界做得太多太多了!"

永远活在人们心中

当门捷列夫逝世的消息传来,整个俄罗斯的人民都陷入了悲痛之中。

为了纪念他,人们在度量衡总局大楼的墙壁上,画上了门捷列夫的化学元素周期表。

许多报纸在报道门捷列夫逝世的消息时,把门捷列夫的遗像跟那张画着化学元素符号的表格登在一起。有的杂志出版了纪念门捷列夫的专辑，封面上印着门捷列夫的遗像，封底印着元素周期表。

甚至连俄罗斯的沙皇也发来了唁电："俄罗斯丧失了一个最优秀的儿子。"

人们对沙皇的唁电十分冷淡，只是耸了耸肩膀说："你瞧，连沙皇也不得不承认自己错了！"

前总理大臣威特伯爵悲叹地说："俄国失去了一位值得夸耀的、博学多才的学者，一位忠诚的爱国者。"

1907年2月9日，俄罗斯人民自发为门捷列夫举行了隆重的葬礼。黑漆漆的云层布满了圣彼得堡的上空，凄厉的北风在低声地呼啸，遍地的积雪反射着青色的光，整个世界都笼罩在一片悲痛之中。一列长长的送殡队伍默默地向前走着。

在队伍的最前面，是由几名大学生抬着的一个巨幅化学元素周期表，紧随其后的是门捷列夫的灵柩，再往后，是一张张悲痛的脸庞，其中有科学家、教授、艺术家、学生。

这个队伍越走人员越多，一些素不相识的人听说这是为门捷列夫送行的，都自发地加入进来。

人们将门捷列夫安葬在沃尔柯夫基墓地，就在他母亲玛利姬·德米特里·耶芙娜的身边，这也是他的遗愿。在这里，和他相伴的还有杜勃罗留波夫、屠格涅夫等。

在灵柩下葬前，牧师念道："牛顿和开普勒，达尔文和马克思，以及与他们并列的门捷列夫，在理论性的结论方面，都是全体有思维的人类的财富。他们的发现奠定了我们每个人世界观的基础，同时也奠定了我们后代世界观的基础。"

时间一天天过去了，竖立在沃尔柯夫基墓地的那幅巨大的周期表不久就消失了,可门捷列夫为人类探索科学所做出的丰功伟绩和他高尚的人格魅力却永远留在了世界人民的心里。

随着科学的发展,元素周期律不仅没有被淘汰,反而越发地显示出它的重要性。同时,经过一代代的科学家的努力研究,人们从更深层次上揭示了周期律的含义,更加清楚地证明了它的正确。

1911年,卢瑟福发现了原子核,并提出了电子模型。

1913年,丹麦物理学家玻尔根据普朗克的量子论提出了新的原子结构学说。同年,卢瑟福的学生莫塞莱通过光谱分析,得出重要结论:门捷列夫元素周期表中元素所处的位置,不是由原子量决定,而是由原子序数或原子的电子数所决定的。

1925年,在把鲍立的不相容原理与玻尔的原子论结合后,物理学家证实,4个本身必须以不连续阶段变化的量子变数,迫使电子在连续的原子"壳层"内累积。例如,氦的两个电子形成自给自足的壳层,使它具备化学惰性。不过,锂的第三个电子未能填满下一壳层,因此活性大。随着原子数的增加,电子按照2、8、18、32的数量填满壳层。量子规律将元素一一置入门捷列夫55年前成功发现的排列中。

至此,元素周期律中门捷列夫用当时的科学无法解决的矛盾,得到了完满的解决。而此时,元素周期表上也只有43、61、85和87号元素还没有被找到。

1934年,法国科学家居里和居里夫人找到进行原子"加法"的办法。当时,他们用氦作为"炮弹",去向金属铝板"开火"。结果,铝竟然变成了磷!

铝怎么会变成磷呢?用"加法"一算,事情就很明白:铝是

13 号元素,它的原子核中含有 13 个质子。当氦原子核以极高的速度向它冲来时,它就吸收了氦原子核。氦核中含有两个质子。13 + 2 = 15,于是,形成了一个含有 15 个质子的新原子核,而 15 号就是磷!

不久,美国物理学家劳伦斯发明了"原子大炮",即回旋加速器。在这种加速器中,可以把某些原子核加速,像"炮弹"似的以极高的速度向别的原子核进行轰击。

这样一来,就为人工制造新元素创造了更加有利的条件,劳伦斯因此获得了诺贝尔物理学奖。

1937 年,劳伦斯在回旋加速器中,用含有一个质子的氘原子核去"轰击"42 号元素——钼,结果制得了 43 号新元素"锝",希腊文的原意是"人工制造的"。锝,成了第一个人造的元素!

后来,人们进一步发现: 锝并没有真正地从地球上失踪。其实,在大自然中也存在着极微量的锝。1949 年,美籍中国女物理学家吴健雄以及她的同事从铀的裂变产物中发现了锝。据测定,一克铀全部裂变以后,大约可提取 26 毫克锝。

1939 年,法国女化学家佩雷在提纯锕时,在剩下的残渣中发现了另一种具有放射性的物质,即 87 号元素"钫"。

1940 年,意大利化学家西格雷与美国科学家科森、麦肯齐共同合作,用"原子大炮"回旋加速器加速了氦原子核,轰击金属铋,制得了 85 号元素。由于当时发生第二次世界大战,不得不中断了工作。直至 1947 年,他们才发表了关于发现 85 号元素的论文。西格雷把这一新元素命名为"砹",希腊文的原意是"不稳定的"意思。

1945 年,美国科学家马林斯基、格伦德宁和科里宁从原子能反应堆中铀的裂变产物中,分离出 61 号元素——钷。直至 1949年,国际化学协会才正式承认了马林斯基等的发现。61 号元素钷的发现,将元素周期表上的空白全部填满了。此时在地下的门捷列夫是否应该欣慰地笑了呢?

但是更多的科学家觉得不满足。他们想,虽然从 1 号元素氢至 92 号元素铀,已经全部被发现了,可是,难道铀会是最末一个元素? 谁能担保,在铀以后,不会有 93 号、94 号、95 号、96 号……

其实早在 1940 年,美国加利福尼亚大学的麦克米伦教授和物理化学家艾贝尔森在铀裂变后的产物中,就已经发现了 93 号新元素"镎"。镎的发现,有力地说明了铀并不是周期表上的终点,说明化学元素大家庭的成员不是只有 92 个,由此他们还推出,镎本身也并不是周期表上的终点,在镎之后还有许多化学元素。

没隔多久,美国化学家西博格、沃尔和肯尼迪又在铀矿石中,发现了 94 号元素"钚"。钚的发现和广泛应用,一下子就使人们对化学元素的认识进入一个新阶段:原来,世界上还有许多很重要的未被发现的新元素呢!

人们继续进击,寻找 94 号以后的"超钚元素"。在 1944 年年底,美国化学家西博格和加利福尼亚大学教授乔索合作,用质子轰击钚原子核,先是制得了 96 号元素"锔",紧接着又制得了 95 号元素"镅"。

西博格和乔索继续努力,在 1949 年制得了 97 号元素"锫",在 1950 年制得了 98 号元素"锎"。

1952 年 11 月,美国在太平洋上空爆炸了第一颗氢弹。当时,美国科学家在观测这次爆炸产生的原子"碎片"中,发现竟夹杂着两种新元素 99 号和 100 号元素。

在 1955 年，美国加利福尼亚大学在实验室中制得了这两种新元素。为了纪念在制成这两种新元素前几个月逝世的著名物理学家爱因斯坦和意大利科学家费米，把 99 号元素命名为"锿"，把 100 号元素命名为"镄"。

1955 年，美国加利福尼亚大学的科学家们用氦核去轰击锿，使锿原子核中增加两个质子，变成了 101 号元素。他们把 101 号元素命名为"钔"，纪念化学元素周期律的创始人门捷列夫。

1958 年，加利福尼亚大学与瑞典的诺贝尔研究所合作，用碳离子轰击锔，使锔这个本来只有 96 个质子的原子核一下子增了 6 个质子，制得了极少量的 102 号元素"锘"。

1961 年，美国加利福尼亚大学的科学家们用原子核中含有 5 个质子的硼，去轰击原子核中含有 98 个质子的锎，制得了 103 号元素"铹"。

其后，科学家们又制成了 104 号至 107 号的元素。但因最先发现权而争论不休，至今没有明确的命名。

到 1981 年为止，得到世界各国科学家公认的化学元素，总共是 107 种。然而，世界上到底有多少种化学元素？人们会不会无休止地把化学元素逐个制造出来？这个问题引起了激烈的争论。

有人认为，从 100 号元素镄以后，人们虽然合成了许多新元素，但是这些新元素的寿命越来越短。像 107 号元素，只能活一毫秒。照此推理下去，108 号、109 号、110 号……这些元素的寿命更短，因此人工合成新元素的希望将会越来越渺茫。他们预言，即使今后人们还可能再制成几种新元素，也已经为数不多了。

可是，很多科学家认真研究了元素周期表，推算出在 108 号

元素以后,可能会出现几种"长命"的新元素!

这些科学家经过推算,认为当元素的原子核中质子数为2、8、20、28、50、82,或者中子数为2、8、20、28、50、82、126时,原子核就比较稳定,寿命比较长。根据这一理论,他们预言,114号元素将是一种很稳定的元素,寿命可达1亿年!也就是说,人们如果发现了114号元素,这元素将像金、银、铜、铁一样"长寿",可以在工农业生产中得到广泛应用。

科学家们甚至根据元素周期表,预言了114号元素的一些特征:它的性质类似于金属铅,当时可称它为"类铅"。它是一种金属,密度为每立方厘米16克,沸点为147℃,熔点为67℃,它可以用来制造核武器。这种核武器体积很小,一颗用114号制成的小型核弹,甚至可放在手提包中随身携带!

另外,科学家们还推算出,110号和164号元素也将是一种"长命"的元素,可以活1000万年以上。

化学在前进,化学在发展,作为发现化学元素周期律这一自然界基本和恒定的规律的开拓者,门捷列夫说过:"看来,周期律将来不致遭到破坏,而只会提高和发展。"他的预言又一次得到了验证。

回想门捷列夫一生走过的道路,不论是那个在玻璃厂里的好奇男孩,还是在实验室里的那个忘我的大学生,不论是在讲台上那个知识渊博的教授,还是在沙皇面前不肯低头的科学家,不论是那个兢兢业业的度量衡总局局长,还是那个进行口授的暮年老人,门捷列夫所走过的每一步无不倾注着他自己的辛勤努力,也无不充溢着亲人、朋友、老师的关爱,可以说,门捷列夫的一生是幸福的一生。

　　门捷列夫是优秀的、全能的科学家,他的研究包罗万象,他的学术活动是理论和实践相结合的突出典范。

　　在科学上,门捷列夫奠定了爱国主义传统,这一传统以及他为科学和工业发展的忘我工作热情,深深地感染了他的同事和后来人,使他们不知不觉地继承和发展了他的传统和思想。

　　19世纪末,化学在俄罗斯得到了显著的发展,这样的成就在很大程度上归功于科学家们在研究中发展了门捷列夫的学术思想和爱国主义传统。

　　当我们翻开中学课本,看到化学元素周期表的时候,首先想到的是什么? 是门捷列夫在学术上做出的极大的贡献吗? 不是。因为并非每个人都能够成为科学家,更不是每个人都能成为像他那样卓越的科学家。

　　但门捷列夫的人格魅力,却是每一个人都能够学习、借鉴的。他在漫长的科研、教学甚至行政工作中,数十年如一日地勤奋、认真、治学严谨、一丝不苟的工作精神和面对挫折不屈不挠、奋斗到底的精神,这些都会比元素周期律走得更远、走得更深!